la vida es *complicada*

BLUE SPARROW
North Palm Beach, Florida

MATTHEW KELLY

PUBLICADO POR BLUE SPARROW

ISBN: 978-1-63582-214-4 (tapa blanda)
ISBN: 978-1-63582-238-0 (libro electrónico)

Diseñado por Ashley Dias

10 9 8 7 6 5 4 3 2 1

PRIMERA EDICIÓN

Impreso en los Estados Unidos de América

Contenido

«No hay límite para lo complicadas que pueden volverse las cosas porque una cosa siempre lleva a la otra».

- La telaraña de Carlota,
de E.B. White

El dilema humano.

La vida es complicada.

Este es el dilema humano. No lo estás haciendo mal.

La vida no es un ejercicio de colorear dentro de las líneas. Es una invitación salvaje y escandalosa llena de resultados inciertos. A veces es maravillosamente racional, otras veces carece de toda lógica. Lo que hoy parece un paso atrás puede resultar ser el primer paso maravilloso hacia adelante dentro de diez años.

La confusión en la vida es a la vez inevitable e inesperada. Está llena de misterios deliciosos y de predicamentos frustrantes, de alegrías indescriptibles y de sufrimientos desgarradores.

No hay ningún plan que puedas idear para resolver la confusión. No hay nada que puedas comprar, aprender o lograr que elimine la confusión. Encontrar el amor de tu vida y la carrera perfecta tampoco lo hará. No hay nada que puedas empezar a hacer o dejar de hacer que erradique la confusión. No hay nada que puedas decirte a ti mismo que hará que la confusión desaparezca mágicamente, y no puedes pensar en cómo salir de ella. El desorden está aquí para quedarse. Es inevitable. Es la vida.

Es lo que hacemos con el desorden lo que determina todo. Puedes ignorarla, evitarla, negarla, culpar a otros, avergonzarte y agotarte fingiendo que tu vida no es un desastre. Pero cuando te levantes mañana, el desorden seguirá ahí. O puedes darte cuenta de que el desorden tiene un propósito poderoso.

Para descubrir ese propósito poderoso, primero tenemos que aceptar que el desorden no es el problema. El problema es nuestra creencia errónea de que todo debería estar inmaculado, ordenado, limpio, pulcro y en su sitio.

Cada uno tiene su propio desorden con la cual lidiar. Nuestra tendencia es pensar que somos los únicos en estar confundidos, que nuestro desorden es más sucia, más embarazosa, más vergonzosa que la de los demás. No es así.

No hay que tenerlo todo junto. Nadie lo tiene todo controlado.

La aceptación es la única manera de hacer las paces con el desorden. Esta aceptación te llevará a una profunda aceptación de la vida, de los demás y de ti mismo. No se trata de rendirse ni de sufrir la derrota. No se trata de admitir que no hay nada que podamos hacer sobre el desorden. Es simplemente una conciencia aguda de que el sentido de la vida no es resolver el desorden. Ese no es el objetivo.

Esta aceptación radical de uno mismo, de los demás y de la vida puede ser el comienzo de la sabiduría. No estoy seguro de que podamos apreciar realmente a nadie ni a nada hasta que hayamos hecho las paces con el desorden. ¿Estás preparado para hacer las paces con el desorden?

La vida es complicada, pero nos las arreglamos. Reímos, lloramos, crecemos y avanzamos hacia nuevos comienzos, segundas oportunidades y posibilidades increíbles.

Una pregunta más hermosa.

La puerta entre la confusión y la claridad está marcada por una verdad por excelencia: estamos heridos y rotos. La aceptación de esta verdad nos permite hacer las paces con el desorden.

Estoy herido y roto. Todos lo estamos. Somos conscientes de nuestra ruptura. Nos sentimos sensibles e inseguros, incluso avergonzados, por nuestras heridas. Pero no es necesario. Todos estamos heridos y rotos.

¿Por qué nos sorprendemos tanto cuando descubrimos que otra persona está rota? Tal vez porque nos empeñamos en ignorar nuestro propio quebranto. Todo el mundo está roto, todo el mundo está herido, pretender lo contrario es abrirnos a una vasta y continua decepción.

Pero está bien que estemos rotos. Solo es un problema si nos adherimos a la falsa idea de que tenemos que tratar de evitar que todos y todo esté roto.

Yo estoy roto. Pretender lo contrario es agotador.

Pero permítanme compartir con ustedes el verdadero problema de nuestro quebrantamiento. En nuestra sociedad derrochadora y adicta al consumo, tiramos las cosas rotas. Entonces, no sabemos qué hacer con nuestros seres rotos. ¿Qué hacemos con las personas rotas, las relaciones rotas, las instituciones rotas, las familias rotas y, por supuesto, con nuestro propio ser roto?

Esta es una pregunta importante, pero una pregunta más

hermosa encierra la respuesta. Es una de las preguntas más hermosas con las que me he topado: ¿puede algo que se ha roto volver a recomponerse de forma que sea más bello que nunca?

Esta es la pregunta a la que se aferran todas las palabras de estas páginas.

Puede parecer una propuesta imposible para nuestras mentes seculares, convencionales y donde todo está en su sitio. Pero me maravilla ver cómo Dios no utiliza líneas rectas ni ángulos rectos en la naturaleza. Nosotros hemos inventado los ángulos rectos y las líneas rectas para apuntalar nuestra insegura humanidad.

La perfección de la naturaleza está marcada por las líneas torcidas, las rupturas, los colores imperfectos y las cosas que parecen estar fuera de lugar. La perfección de la creación se logra a través de su imperfección. Y lo mismo ocurre con los seres humanos. Tus imperfecciones forman parte de lo que te hace ser perfectamente tú mismo.

Si nos ponemos la mente de Dios, descubrimos una de las verdades más hermosas que ofrece esta vida: algo que se ha roto de forma devastadora puede volver a recomponerse de forma que sea más bello que nunca. Es cierto para las cosas, pero es aún más cierto para las personas, y es cierto para ti. Esta es la fuente y la cumbre de la esperanza.

Creemos que una vez que algo se rompe nunca podrá ser tan hermoso como antes. Pero eso no es cierto. Es cierto que no puede ser exactamente igual que antes, pero eso no significa que no pueda superarse. Uno no mira un árbol maravilloso que pierde algunas hojas y ramas en una tormenta y dice: «Está arruinado para siempre». Pero decimos eso de nosotros mismos y de los demás.

Los japoneses tienen una hermosa modalidad artística llamada Kintsugi. Es una técnica de cerámica, y he estado meditando sobre ella durante los últimos años. En nuestra cultura de usar y tirar, si rompemos un jarrón o un tazón, lo tiramos y compramos uno nuevo. Este simple acto nos permite mantener la ilusión de que la vida no es complicada. Es una ilusión de perfección. Pero la vida es complicada, lo perfecto es un mito, y la sabiduría del arte japonés del Kintsugi tiene mucho que enseñarnos.

Cuando se rompe un jarrón, un tazón o una taza, los artistas recogen los trozos rotos y los pegan. Pero es la forma de unirlos la que está impregnada de sabiduría y belleza. Mezclan polvo de oro con el pegamento. No intentan ocultar las grietas. Se apropian de ellas, las honran, incluso las acentúan dorándolas. Celebran las grietas como parte de su historia.

Esta es una hermosa lección. No fingen que el jarrón nunca se rompió. No fingen que la vida no es un desastre. No fingen que no están rotos. Cuando pretendemos ser alguien distinto a quienes somos, nuestro verdadero yo se esconde en el miedo y la vergüenza; el miedo a ser descubierto y la vergüenza de no ser suficiente.

La lección más hermosa y sorprendente que nos enseña el arte Kintsugi es esta: somos los sanadores de las heridas de los demás. *Cada uno de nosotros posee el polvo de oro necesario para pegar a otras personas, haciéndolas más bellas y amables que nunca.* Nuestro amor, la conexión, la aceptación, la generosidad, la comunidad y la amabilidad son ese polvo de oro. Esto es asombrosamente profundo.

Hay una verdad vital aquí. La cerámica Kintsugi es asombrosamente bella. Hay una honestidad en su belleza que falta en la perfección artificial de los artículos producidos en masa. Una vez reparadas con este antiguo método, las piezas Kintsugi son más bellas y más queridas que antes de romperse.

Esta idea nos produce una gran confusión y resistencia cognitiva. No creemos que algo que se ha roto y ha sido reparado pueda ser más bello, y más querido, que antes. Pero la esperanza depende de la superación de esta falsa creencia. Salir de esta falsa suposición es esencial para hacer las paces con nuestra propia ruptura y un ingrediente vital en todas las relaciones sanas.

Alguien que se ha roto y ha sanado puede ser más hermoso y más amado que nunca. Abrazar esta verdad es liberador. Pero es más fácil hacerlo cuando nos damos cuenta de que está bien estar roto. Es normal, de hecho, es parte de la condición humana. Una vez que abrazamos esta verdad, estamos en el camino de la esperanza. Cuando la rechazamos, estamos en el camino de la desesperación.

¿Puede alguien que ha sido roto ser curado y llegar a ser más hermoso y más amable que nunca?

Esta es la pregunta central de nuestro viaje juntos. Estoy

convencido de que la respuesta a la pregunta es sí. Pero, como pronto descubrirás, llegar a esta convicción no ha sido fácil. Este libro es mi propia lucha desordenada e imperfecta con esta pregunta. Si en algún momento de este libro te encuentras perdido, confundido o desorientado, vuelve a esta pregunta. Es la estrella polar que estamos explorando. Sea cual sea el tema que tratemos en las próximas páginas, aunque sean vastas y variadas, nunca nos alejaremos de esta pregunta.

Alguien que se ha roto y ha sanado *puede* llegar a ser más hermoso y más amable que nunca. Ese alguien eres tú. Mi única esperanza al recorrer estas páginas es que descubras que esto es cierto.

Inadecuado.

Estas páginas nacieron de tres años de sufrimiento insoportable. No hay palabras para lo que experimenté. Incluso las palabras llenas de significado dejan mucho sin decir. Pero las palabras son todo lo que tengo. Son mi oficio. Soy un artesano de las palabras, un herrero de las palabras, y por eso lo he hecho lo mejor que sé.

Lo más fácil habría sido no escribir sobre este periodo de mi vida. Estuve tentado a dejar de lado los diarios de los que se extrajo gran parte de este contenido y no volver a consultarlos. Pero me seguían llamando, así que espero que todo este lío les sirva de alguna manera que yo desconozco.

Escribir me hace sentir inadecuado. Es una de esas cosas que nunca se consiguen del todo bien. Sé que nunca podré plasmar en el papel lo que veo con los ojos de mi alma. Y aún así, lo intento. Es una frustración muy gloriosa. La mayoría de los días me siento como un traductor dedicado pero torpe, tratando desesperadamente de traducir lo que experimento, siento, espero y observo. Hay momentos en los que siento que estoy tan cerca, solo para despertarme a la mañana siguiente, leer las páginas de ayer y descubrir que sigo estando tan lejos. Si alguna vez te has sentido inadecuado, incapaz de realizar la tarea que tienes entre manos, deficiente en cualquier sentido, entonces sabes cómo me siento, y te agradezco tu gracia y comprensión.

Sin embargo, son las posibilidades las que me atraen. La posibilidad del amor, de la comunidad, de un mayor significado, de conexión con los demás, de todas las primeras y últimas cosas de la vida, de los viejos amigos y nuevas aventuras. Y la posibilidad de poder escribir algo que conmueva tu alma.

Este libro no es como otros que he escrito. Es desordenado. No he tratado de limar las asperezas. No empieza ni termina de forma ordenada. No hay capítulos ni partes. Cada sección es una sola. Las escribí para mí, en diferentes momentos y en diferentes lugares, sin esperar que nadie más las leyera. Podrás saber qué partes fueron escritas durante mis momentos de trauma, cuáles fueron escritas para ayudarme a avanzar y cuáles son una reflexión sobre esos momentos de mi vida. No hice ningún esfuerzo por ocultarlo. Aunque he tratado de organizarlas libremente en un viaje para ti, y he adaptado el lenguaje original del diario en la mayoría de las partes para dirigirme al lector. Algunas de las transiciones de una sección a la siguiente son bruscas. En mis diarios, esas transiciones bruscas me despiertan y me obligan a prestar atención cuando las releo, así que he decidido mantenerlas.

Leonardo da Vinci observó: «Una obra de arte nunca se termina, solo se abandona». Y así, abandono este libro y te lo dejo ahora, con la esperanza de que, de alguna manera, por imperfecto e inadecuado que sea, te hable dondequiera que estés en tu viaje y abra tu corazón a posibilidades no descubiertas...

El peor año de mi vida.

Todo iba bien hasta que dejó de ir bien.

Nunca estamos preparados para las tormentas de la vida. Rara vez se anuncian por sí solas. Estas tormentas llegan en momentos inesperados y de maneras inesperadas. Vienen en todas las formas y tamaños, y nos enseñan que la vida es impredecible y confusa. Puedes buscar un refugio para la tormenta, pero a veces no lo hay y te encuentras completamente expuesto. Algunas de las tormentas de la vida son lo suficientemente suaves como para sacar lo mejor de ellas y bailar bajo la lluvia. Pero otras son tan violentas que te dejan sin aliento, te dejan jadeando en busca de aire y hacen que te lo cuestiones todo.

Cada año, entre el día de Acción de Gracias y Navidad, hago una serie de ejercicios que me ayudan a reflexionar sobre el año que ha pasado y a planificar el año que viene.

El proceso ha evolucionado a lo largo de los últimos treinta años, pero siempre he empezado con esta pregunta: ¿ha sido este el mejor año de mi vida hasta ahora?

Durante décadas he tenido una racha extraordinaria, realmente mágica. Un año había sido mejor que el otro, y el siguiente mejor que ese. La respuesta a la pregunta año tras año era un SÍ rotundo. No tuve que pensarlo hasta hace unos años, cuando la respuesta fue ¡NO! Era claro. Ni siquiera estaba cerca. La respuesta era inequívocamente no. Era un territorio inexplorado. Era la primera vez en mi vida que esto ocurría. No era solo que el año pasado no hubiera superado al anterior. Había sido el peor año de mi vida.

Reflexioné sobre esto. Analicé mi papel en él. Consideré el papel que habían desempeñado otras personas. Esperaba que fuera una anomalía. Exploré con optimismo cómo podría superar este *bache* e hice planes para darle la vuelta. A fin de cuentas, se trataba de mi vida.

Esto no funcionó. El año siguiente volvió a ser peor. El bajón continuó, se profundizó y volví a batir el récord del peor año de mi vida. Iba en la dirección equivocada y tenía miedo. Cuando algo sucede una vez, es un acontecimiento. Cuando algo sucede dos veces, se convierte en un patrón.

Decepcionado, pero no roto, recuperé alguna esperanza persistente de las profundidades de mi ser, vendé mi ego maltrecho y elaboré un nuevo plan para restaurar la trayectoria de mi vida.

Eso tampoco funcionó. En realidad, no es que no funcionara, sino que se desató un infierno en mi vida. Literalmente. En ese tercer año vi lo peor de muchas personas. En tan solo doce cortos meses, tantas personas me engañaron y traicionaron de tantas maneras, que por momentos me sentí aturdido, enfurecido, desorientado y deprimido.

La traición te despierta con una gran sacudida. Te electriza de tal manera que no estás seguro de volver a dormirte. Y, sin embargo, lo único que quieres hacer es dormir. Esperas despertarte y descubrir que todo ha sido un sueño. Pero no puedes dormir. Y no es un sueño. Esta pesadilla es tu vida ahora.

El lado oscuro de la humanidad vino a visitarme, no en una situación, sino en una serie de plagas. Algunas las provoqué yo mismo y otras me fueron infligidas. Algunas las he llegado a comprender y otras tal vez no lo haga nunca. De algunas me he recuperado y otras me han mantenido despierto algunas noches preguntándome si alguna vez lo haré.

Para bien y para mal, han dado forma al hombre que soy hoy. Me gustaría decir que permití que cada una de estas experiencias me hiciera mejor persona, pero no puedo, y me niego a fingir. Es demasiado agotador.

Algunas de las experiencias me dejan triste, otras me dejan decepcionado y con el corazón roto, hay algunas que me hacen tener sed de venganza, otras simplemente me dejan un poco hastiado, y he permitido que otras me hagan más cínico de lo que me gustaría. Ha sido una temporada de tragedia y traición en mi vida, y nunca volveré a ser el mismo. Las experiencias más difíciles me han dejado profundamente herido, tanto que algunos días miro mis cicatrices con incredulidad, y me pregunto cómo heridas tan brutales no me han matado.

¿Qué hice mal?

Esta era la pregunta que me hacía constantemente: ¿qué hice mal? Es enfermizo, pero creo que quería culparme a mí mismo. Estuve rumiando esta pregunta durante semanas y meses, y rumiar las formas en que te has equivocado no es saludable. Aun así, seguí dándole vueltas a la pregunta, una y otra vez. Pero no hay respuestas a algunas preguntas. Al menos no hay respuestas que nos satisfagan. Una pregunta respondida da lugar a cinco preguntas más.

Uno de los misterios perdurables de la vida es que no hace falta hacer nada malo para que la vida vaya terriblemente mal. Cuando nos maltratan, nos rechazan, nos hieren, nos traicionan o nos manipulan, escudriñamos nuestro corazón y nuestra mente, preguntándonos qué hicimos mal. Tal vez hiciste cosas para abrir o cerrar puertas, pero no es tu culpa.

La gente toma decisiones y nos hace daño, pero no es nuestra culpa. No te lo tomes como algo personal. Sé que suena ridículo, pero es profundamente cierto. Cuando un hombre rompe con una mujer y dice: «No eres tú, soy yo», inconscientemente está siendo escandalosamente honesta. El borracho que dice: «No estaba pensando» no está mintiendo. No estaba pensando en su marido y en sus hijos. El hombre que engaña a su esposa y dice que no pensó en cómo afectaría a su esposa e hijos no está mintiendo. Cuando caemos en estos lugares autodestructivos, estamos tan ensimismados que no pensamos en nadie ni en nada más. Por eso lo llaman egoísmo.

Inesperada.

La vida no ha resultado como esperaba. En algunos aspectos ha superado mis expectativas, y en otros las ha decepcionado. Ni en mis sueños más locos de niño habría imaginado la vida que he vivido. Las aventuras, experiencias y oportunidades, el amor que he dado y recibido, y el éxito que he disfrutado han superado con creces mis expectativas. Pero tampoco imaginé ni en mis peores pesadillas el lado oscuro de estas luces brillantes.

Todos acabamos viviendo vidas inesperadas.

Hay esperanzas y sueños que no se han materializado y que me entristecen, pero otros regalos inesperados me han sorprendido y alegrado. Y hay esperanzas y sueños que me alegro de que no se hayan materializado. Lo inesperado va en ambos sentidos.

Pero estas no son las cosas que hacen que la vida sea más inesperada. Son las cosas verdaderamente inesperadas, las que no esperamos ni tememos, sobre todo las que surgen de la nada y nos rompen el corazón. Te levantas una mañana y descubres que tu vida ha cambiado para siempre, por algo que has hecho tú o que ha hecho otra persona. Son las cosas que no planeamos, las que nunca imaginamos que ocurrirían. Son esos acontecimientos inesperados que te abofetean tan fuerte en la cara que puedes saborear la sangre en tu boca.

La vida de nadie resulta como espera. No debería sorprendernos. Nadie mira hacia atrás para descubrir que la vida se desarrolló exactamente como esperaba o planeaba, pero yo me encontré particularmente poco preparado para la inevitabilidad de lo inesperado. Esa es la paradoja: es inevitable que vivamos vidas inesperadas.

La vida no se desarrolla según nuestros planes. Pero, tarde o temprano, cada uno de nosotros tiene que decidir cómo va a aprovechar al máximo su vida única, breve e inesperada. Es entonces cuando nos enfrentamos a dos verdades duraderas: no podemos vivir sin la esperanza de que las cosas cambien para mejor, y no somos víctimas de nuestras circunstancias.

La esperanza no siempre es tan accesible como quisiéramos. A menudo parece estar fuera de nuestro alcance en los momentos en que más la necesitamos, cuando nuestros corazones están rotos, nuestras mentes abatidas y nuestras almas aplastadas. Sin embargo, incluso en esos momentos, podemos elegir. Lo inesperado es una maldición o una oportunidad. Nosotros decidimos.

Cuando tu realidad se convierte en una pesadilla.

A veces la vida duele simplemente. Yo sabía que estaba en un lugar oscuro cuando mis pensamientos durante el día eran tan inquietantes como las pesadillas que tenía por la noche.

¿De qué sirve despertarse de una pesadilla cuando lo que se despierta es la realidad de la pesadilla?

Había mañanas en las que me despertaba con un momento de alivio. Pensaba: «No pasa nada, solo ha sido un mal sueño». Pero entonces mi esperanza se derrumbaba cuando me limpiaba el sueño de los ojos y me daba cuenta de que no era solo un sueño. Esta era mi vida ahora. No sabía si el sueño era mi amigo o mi enemigo. A veces era difícil saber dónde terminaba la pesadilla y empezaba la realidad.

El dolor, el trauma y el dolor distorsionan el tiempo. Me decía a mí mismo: «Esto no es un sueño. Ni siquiera es una pesadilla. Esto es mi vida». Pero eso no era cierto. Me decía a mí mismo: «No. Esta es tu vida *ahora mismo*». Y con solo añadir esas dos palabras —*ahora mismo*— todo cambia. Puede que sea tu vida ahora mismo, pero eso no significa que sea tu vida para siempre.

Aún así, revives cosas en tu mente. Y revivirlas te vuelve a traumatizar. Pero no puedes evitarlo. Te preguntas si pudieras volver atrás —lo que, por supuesto, no puedes—, pero si, por arte de magia o por un milagro, pudieras tener otra oportunidad en esta situación, lo habrías hecho de otra manera. Lo meditas en tu mente, consideras mil maneras en las que podría haber sido diferente, y aún así, estás donde estás. Eso es lo que pasa con las atracciones de feria más terroríficas: acabas donde empezaste. Pero esa no es forma de vivir. Revives estas cosas una y otra vez en tu mente.

Una cosa es que tú mismo hayas provocado la situación. A

menudo lo hacemos. Pero si no lo hiciste, estas cavilaciones se vuelven aún más infructuosas al darte cuenta de que, aunque pudieras volver atrás, tú no fuiste el actor. Fuiste actuado. No fuiste la causa; tu sufrimiento es el efecto. Fue causado por la elección de otra persona. Por muchas otras personas, tal vez. Y, aunque pudieras volver atrás, podrías cambiar lo que hiciste y dijiste, pero no podrías cambiar lo que ellos dijeron e hicieron.

Y entonces te das cuenta, de nuevo: no hay solución. Estamos tan acostumbrados a arreglar las cosas y a resolver los problemas que al principio parece increíble. Pero después de repasar la situación en nuestra mente unos cientos de veces, nos damos cuenta de que esto no es uno de los experimentos de Edison, en el que cada fracaso te acerca al éxito. Te das cuenta de que esta es tu vida y que simplemente no hay soluciones para algunos problemas. Algunos de los desastres antinaturales de la vida solo tienes que vivir con ellos y esperar que el dolor desaparezca con el tiempo.

¿Dejará de doler alguna vez?

Había otra pregunta que se repetía una y otra vez: ¿parará alguna vez el dolor? Mientras la tormenta de sufrimiento seguía arreciando, yo pensaba en cosas horribles que había soportado en el pasado y me recordaba que en esos momentos pensaba que nunca superaría esas situaciones, pero lo hice.

No me sirvió de comodidad. Esto era diferente. Era de una magnitud diferente. La noche era más oscura de lo que había sido nunca, e incluso la luz del día, el sol en mi cara, dolía algunos días. No puedo describir lo que sentía, pero podía ver lo que me estaba haciendo. Y no me gustaba.

El problema de este tipo de dolor es que te impide disfrutar de casi todo. Lo ensombrece todo. Hay una línea brillante en una de las canciones de James Taylor: *El secreto de la vida es disfrutar del paso del tiempo*. Él dispensa esta sabiduría de forma tan casual. Pero esto es exactamente lo que no puedes hacer cuando te han herido profundamente. Cuando has sido traumatizado no puedes disfrutar del paso del tiempo. Como un perro que ha sido golpeado, te alejas de la vida, temiendo que algo o alguien, en cualquier momento, pueda volver a traumatizarte.

Hay algunas cosas que suceden en nuestra vida que duelen tan profundamente que nos pasamos semanas y meses de nuestra vida preguntándonos si alguna vez dejaremos de sufrir. El dolor acabará remitiendo, pero no lo sabemos en ese momento. Dependiendo de la causa del dolor, puede que nunca desaparezca por completo, pero con el tiempo su intensidad disminuye.

El dolor cede. Cuando algo remite, por definición, se vuelve menos intenso, menos violento, menos severo. Esto significa, por supuesto, que al principio era intenso, violento y severo. Y algo que cede no es lo mismo que algo que desaparece. Hay un dolor que no tiene fin. Si vivimos lo suficiente, parece que todos experimentamos ese dolor.

Hay noches en las que no puedes conciliar el sueño. Tu

mente rumia. Esperas dormir, suplicas y rezas en busca de alivio, pero cuando duermes aparecen las pesadillas. Había días en los que me despertaba y el dolor estaba de pie justo al lado de mi cama, esperando para darme una patada en el estómago. Había días en los que me despertaba y me hacía un ovillo, incapaz de salir de la cama. Otros días me obligaba a levantarme, pero volvía a arrastrarme en la cama tras dar un par de pasos. El dolor era inimaginable, el tormento indescriptible. Era un dolor implacable y cegador que te hace olvidar que alguna vez hubo una vida sin él.

Hay una frase inquietante en el musical *Los Miserables*: *Hay un dolor del que no puede hablarse. Hay un dolor que no cesa.* Es cierto. Hay un dolor que parece abarcarlo todo. Parece que nunca termina. Te roba todos tus ayeres y mañanas. Cuando estás en las garras del dolor, todo y todos te recuerdan tu pérdida. Te sientes crudo y expuesto. Desnudo en un mundo sin ropa. Frágil e indefenso.

¿Será siempre así de malo? me preguntaba. *¿Siempre dolerá tanto?* Esperaba que no.

Cuando tienes una experiencia que te destroza el alma, es lo primero en lo que piensas cada mañana al despertar. Hasta que deja de serlo. De la nada, un día, no sé cuándo ni cómo, llega el alivio milagroso. Ese día, tu pérdida es lo segundo en lo que piensas. Y luego, pasa más tiempo, y es la tercera cosa en la que piensas cada día.

Los días se convierten en semanas, las semanas se convierten en meses. Empiezas a esperar desesperadamente que hayas encontrado una manera de vivir con tu dolor. Entonces, un día, estás haciendo lo que haces, y de la nada, el dolor te da una bofetada tan fuerte que estás seguro de que se te ha caído un diente. ¿Qué lo provocó? Una nimiedad. La más mínima cosa. Una canción, una foto, un recuerdo, una palabra, una frase, un lugar, un olor. Cualquier cosa puede desencadenarla.

El dolor es como un oso. Se retira a su cueva, a veces durante largos periodos, y un día te das vuelta y descubres que el oso se ha arrastrado detrás de ti. Te da un susto de muerte. El susto te vuelve a traumatizar. Puede llegar a ser incapacitante. Pero luego el oso vuelve a entrar a la cueva para hibernar de nuevo. ¿Cuándo volverá? Nadie lo sabe. El dolor no hace citas. Tiene su propio horario.

Pero el dolor es tu amiga. Puede no parecerlo, pero te ayuda a sanar. Es un error fingir que no está ahí. Es muy fácil avergonzarse del dolor. Esto también es un error. No te avergüences de tu dolor. Deja que te inunde. Invita a que te cure. Debes saber que, aunque habrá momentos en los que la enormidad de su dolor parezca insuperable, eres más que tu dolor. Sé amable contigo mismo. Sé paciente contigo mismo.

Estas son las cosas que me dije a mí mismo, las cosas que escribí en mi diario. Algunos días me ayudaron y otros no.

Sentimientos.

Los sentimientos son visitantes del corazón. Acógelos. Cada sentimiento viene a enseñarte algo muy concreto. Sé hospitalario con estos huéspedes. Solo están de paso. A menos que los ignores. Esto los detiene innecesariamente. No puedes conseguir que se vayan ignorándolos, evitándolos o fingiendo que no existen. Se quedarán hasta que los atiendas. Y cuando llegue el momento de que se vayan, agradéceles su visita.

Espera.

Hay algunas situaciones en la vida que deben ser tratadas. Requieren acción. Hay otras cosas en la vida que simplemente hay que esperar. Esto puede ser insoportablemente difícil. Es mucho más fácil hacer algo, cualquier cosa, que no hacer nada pacientemente.

Saber cuándo hay que actuar y cuándo hay que esperar empieza simplemente por ser consciente de que hay dos opciones. Nuestro instinto es actuar; tenemos un sesgo hacia la acción. Este sesgo nos ciega a cualquier otra posibilidad. A menudo ni siquiera consideramos que no hacer nada sea una opción. La acción audaz es hermosa cuando lo que se necesita es la acción. Cualquier acción es torpe cuando lo que se necesita es la inacción.

Aprender a esperar las cosas es una de las mayores lecciones de la vida, y solo se puede aprender esperando las cosas. A veces lo más sabio es no hacer nada, también suele ser lo más difícil de hacer.

Una de las peores noches de mi vida fue a los veinte años. En esa época, viajaba y hablaba todo el tiempo. Doscientos cincuenta días al año empezaban en un aeropuerto. A veces más. Unos meses antes había sacado un nuevo libro y, de repente, los medios de comunicación se interesaron mucho por él en Australia. Mi editor australiano me había pedido que lo visitara. «Solo te necesitamos en tierra durante cuarenta y ocho horas», recuerdo que me dijeron. Así que metieron un viaje en una agenda que ya era una locura. Ahora soy consciente de ello, pero en aquel momento no. A veces no te das cuenta de lo descabellado que es algo hasta que dejas de hacerlo.

Volé de Miami a Los Ángeles y luego a Sídney. Trabajé dos días muy largos y luego volé de Sídney a Los Ángeles, y de ahí a Pittsburg. En ese momento vivía cerca de Pittsburg. Cuando me acosté esa noche, había cruzado cuarenta y cuatro husos horarios en menos de cuatro días.

El desfase horario es real. Hay gente que piensa que es un mito. Quizá tengan una constitución única, o quizá nunca hayan viajado lo suficiente como para experimentarlo. Pero si vas a hacer un viaje largo, mi consejo es que te lo tomes en serio. Algunos efectos del desfase horario son la deshidratación, la dificultad para concentrarse, la incapacidad para funcionar en el trabajo, la sensación de desorientación y confusión, la fatiga extrema, la dificultad para conciliar el sueño, la dificultad para mantenerse dormido, la dificultad para despertarse, el quedarse dormido a mitad del día, el mal humor, los problemas gastrointestinales y una sensación general de malestar. Los expertos afirman que se puede tardar hasta un día por cada zona horaria que se cruza para recuperar los ritmos circadianos normales. Eso significa que podría tardar hasta cuarenta y cuatro días en recuperarme del viaje que acababa de hacer.

Cuando aterricé en Pittsburgh, tenía un mensaje urgente de mi novia en San Francisco. Cuando llamé, estaba claramente alterada y dijo que necesitaba verme lo antes posible. «¿Qué pasó?» le pregunté. «No quiero hablar de ello por teléfono», respondió, «¿puedes venir?».

Eran las once de la noche y yo seguía esperando mi maleta en la recogida de equipajes. Subí las escaleras hasta el mostrador de la aerolínea y reservé un asiento en el vuelo de las seis de la mañana del día siguiente a San Francisco. Me fui a casa, pero no pude dormir. Volví al aeropuerto, abordé el avión con destino a la Costa Oeste y me quedé dormido en algún momento del vuelo. Habíamos aterrizado y rodado hasta la puerta de embarque, y todos los demás pasajeros habían bajado del avión cuando la azafata me despertó. No me di cuenta. Eran las ocho de la mañana en la Costa Oeste.

«Desayunemos juntos», me dijo mi novia cuando la llamé para comunicarle que había aterrizado. Así que tomé un taxi hasta Mama's, en Washington Square, y esperé a que llegara.

Cuando llegó, pidió un café, pero nada para comer. Luego me dijo que había decidido volver con un antiguo novio de hace años, que iba a terminar conmigo, pero que no había querido hacerlo por teléfono.

Yo estaba aturdido. Pensé que alguien se había muerto, o que ella había perdido su trabajo, o que había ocurrido algo terrible. No llevábamos saliendo tanto tiempo como para justificar la locura de que volviera a subir a un avión después del viaje que acababa de hacer. Después del viaje que *ella sabía* que yo acababa de hacer. Yo no tenía el corazón roto, estaba aturdido. No estaba enojado porque ella hubiera vuelto con su antiguo novio, estaba enojado porque me hubiera hecho viajar al otro lado del país.

La niebla se disipó. Mi atención se desplazó de mi propia autocompasión a su inquietud. Algo no estaba bien. Había algo más en la historia. Sentí que quería hablar, pero por alguna razón se estaba conteniendo. Le pregunté si todo lo demás estaba bien. Le pregunté si algo más la preocupaba. Pero nada. No conseguí que se abriera. Ni siquiera pude conseguir que su mirada se encontrara con la mía.

Unos minutos después se fue. Tomé un taxi hasta un hotel junto al aeropuerto y de camino llamé para reservar un vuelo para la mañana siguiente. Todavía era temprano. Podría haber volado directamente a casa, pero necesitaba dormir a toda costa.

Cerré las cortinas y oscurecí la habitación del hotel; los números rojos del reloj marcaban las 11:07 a.m. Dormí durante tres horas. Luego di vueltas en la cama durante un par de horas antes de aceptar que no iba a volver a dormirme pronto. Estaba confuso y desorientado. No paraba de darle vueltas a varios escenarios en mi mente. No tenía sentido. Era como tratar de armar un rompecabezas sin todas las piezas.

He tenido días, semanas y meses muy largos trabajando

con plazos enormes. Pero creo que nunca había estado tan cansado en mi vida. Salí a dar un paseo, trabajé un poco, intenté comer algo y volví a la cama.

Fue una de las noches más largas de mi vida. Me sentía miserable. No podía dormir. Estaba desconcertado por los acontecimientos del día. Fue un momento de soledad en mi vida. Quería hablar con alguien, pero no sabía de qué quería hablar. No era mi exnovia. Era algo más, algo más grande. Estaba más que agotado, y ese lugar es un páramo para el corazón, la mente y el alma. Sentía que me estaba volviendo loco. Me dolía, pero no sabía dónde me dolía. No era un dolor físico; era un dolor existencial. Hubo momentos esa noche en los que deseé estar muerto. No pensé en hacerme daño. Solo quería que ese dolor cesara. Necesitaba dormir, pero el sueño se negaba a llegar.

Hay algunos momentos en nuestras vidas que son tan cruciales que nunca dejamos de recurrir a ellos en busca de sabiduría, valor y dirección. Esa noche fue uno de ellos para mí. No sé lo que me asaltó esa noche. Pero sí sé que me enseñó una de las lecciones más poderosas de la vida: a veces lo único que puedes hacer es esperar.

Tardé años en actualizar la sabiduría de aquella noche. No sabía que estaba viviendo un momento decisivo. Mirando hacia atrás, me alegro de la experiencia. He tenido que soportar muchas más experiencias desagradables, algunas considerablemente peores que las que viví aquella noche. A menudo me encuentro reflexionando sobre aquella noche en

San Francisco. «Todo lo que tienes que hacer es esperar», me digo. «No tienes que hacer nada. Solo esperar pacientemente y dejar que pase».

Esa noche me enseñó algo más. Cada noche, cuando tú y yo nos metemos en la cama, nuestro día está terminando, pero en algún lugar, otros se enfrentan a la noche más larga de sus vidas. Cuando luchas por sobrevivir a tu noche más dura, la desesperanza puede apoderarse fácilmente de ti. Así que, al apoyar la cabeza en la almohada, susurro una oración por los hombres, mujeres y niños cuya larga y oscura noche acaba de empezar.

No volví a saber nada de la chica. Pero quince años después, supe que cuando se sentó a desayunar aquella mañana conmigo, estaba embarazada. Mirando hacia atrás, las piezas encajan.

Cuando nada tiene sentido.

Solo hace falta un acontecimiento para que la vida caiga en picado. Un solo acontecimiento puede dejarte totalmente sorprendido y desorientado. Algo sucede y, de repente, nada tiene ya sentido. Te tambaleas conmocionado e incrédulo. Es como descubrir que el agua no está mojada o que uno más uno no es igual a dos.

Esperamos que la vida se desarrolle de ciertas maneras. Esperamos que nuestras relaciones, carreras y finanzas personales sigan los caminos que hemos construido en nuestra mente. Esperamos salud, no enfermedad. Esperamos una vida larga, y no una corta. Esperamos prosperidad, y no la pobreza. Esperamos que nos respeten, no que nos falten al respeto.

Algunas de nuestras expectativas están más alineadas con la realidad que otras. Las expectativas poco razonables que tenemos de nosotros mismos y de otras personas nos llevarán a la sabiduría o al dolor. Si examinamos nuestras expectativas y desmontamos las que son falsas e irrazonables, pueden transmutarse en una rara forma de sabiduría. Si, por el contrario, nos aferramos obstinadamente a nuestras expectativas irracionales, la realidad las derribará y sufriremos.

Yo estaba experimentando esto último. La realidad estaba desmontando mis ilusiones y destruyendo mis expectativas irreales. Y todo sucedía muy rápidamente. Me desperté una mañana y antes de acostarme esa noche toda mi vida había cambiado para siempre. Y ocurrió más de una vez. Varias veces. No es de extrañar que me sintiera desorientada.

Lo interesante es que los acontecimientos positivos y negativos pueden ser igualmente desorientadores. El lado negativo es más fácil de comprender. Esperamos que las experiencias negativas nos desorienten el alma. La muerte de un padre, amigo, hijo o cónyuge. La pérdida del trabajo. La soledad y el aislamiento. Ser maltratado. El divorcio. Que su médico le diga que tiene una enfermedad que pone en peligro su vida. Infidelidad. Depresión. Un hijo enfermo. Un matrimonio sin amor. Ser arrestado. Un aborto espontáneo. Una oportunidad perdida. Una guerra. Una catástrofe natural. El terrorismo. La adicción. La discriminación. Un accidente automovilístico. Una deuda insuperable. Un robo. Estos acontecimientos pueden ser una sorpresa, pero la forma en que nos afectan no suele serlo.

Lo que sí es sorprendente es que los acontecimientos positivos pueden agitar nuestras almas de maneras diferentes, pero igualmente inquietantes.

Te vas de vacaciones, tan esperadas, y descubres, acostado en la playa, que tu vida ya no tiene sentido. La perspectiva de un poco de tiempo afuera hace que comprendas que le has restado prioridad a lo que más importa.

Te comprometes y descubres que el periodo previo a la boda puede ser uno de los más estresantes de tu vida.

Te mudas a la casa de tus sueños, pero el estrés de la transición revela cosas sobre el papel que permites que jueguen las cosas en tu vida.

Das a luz a un hijo y esta nueva vida sitúa todo lo que has vivido en un nuevo contexto. El amor que sientes por este niño reordena tus prioridades y sabes que nunca podrás volver atrás. La antigua tú te parece extraña. No la reconoces. Es como si fuera una persona completamente diferente.

Esperas con ilusión la jubilación y hacer lo que quieras, cuando quieras, solo para descubrir al cabo de unos meses que es una experiencia profundamente insatisfactoria.

La vida puede desorientar. Puede pasar rápidamente. Y esta desorientación puede ser provocada por un acontecimiento positivo o negativo. Puede conducir a un cambio de prioridades, pero no siempre. A veces reprimimos nuestros nuevos descubrimientos sobre el ser y la vida. La desorientación es una invitación.

Es un error centrarse en lo negativo. A veces es un error pensar que todo lo malo es malo. A menudo es en medio de la nada, perdidos y confusos, cuando nada tiene sentido, cuando nos encontramos a nosotros mismos y llegamos a conocernos de formas nuevas y brillantes.

A veces, cuando tu vida se ha puesto patas arriba, después de que el polvo se asiente, descubres que tu vida está finalmente bien. A veces, cuando te sientes perdido, estás exactamente donde necesitas estar en ese momento.

La cuestión es: ¿perderse puede ser algo bueno? ¿Consideras que perderse es un inconveniente, una frustración, una aventura o una oportunidad? La respuesta es diferente para cada persona en cada situación, pero la mayoría de las veces, cuando nos perdemos, ni siquiera consideramos algunas de estas opciones. Tal vez perderse sea exactamente lo que necesitamos.

La verdad de Dante.

El poeta y filósofo moral italiano del siglo XIII, Dante Alighieri, sabía más que la mayoría de las personas lo complicada que puede ser a veces la vida y nuestra humanidad compartida. Abre su obra épica *La Divina Comedia* con estas palabras. Al escribir hace más de setecientos años, Dante sabía lo perdidos y desorientados que nos encontramos a veces en la vida.

«En medio del viaje de nuestra vida me encontré en un bosque

oscuro donde se había perdido de vista el camino recto. Qué difícil es decir lo que fue en la espesura de los matorrales, en un bosque tan denso y nudoso que el solo hecho de pensarlo me renueva el pánico. Es amargo casi como lo es la propia muerte. Pero para ensayar lo bueno que también me trajo hablaré de las otras cosas que vi allí. Cómo llegué allí no puedo decirlo claramente, pues me movía como un sonámbulo en el momento en que me salí del camino correcto».

He estado en estos bosques que Dante describió. He estado allí más de una vez. Él describe que se encontró perdido en el bosque oscuro. Cuando nos encontramos perdidos, tendemos a pensar que es una crisis. La realidad es que puede ser una crisis o una oportunidad. Nosotros decidimos. Pero esta oportunidad no debe ser desaprovechada. Sumergidos en estos fuegos, podemos aprender más sobre nosotros mismos en un año que en cualquier otro de nuestros diez años de vida.

Dante dice muchas cosas en estas pocas líneas. Era la mitad de su viaje. Estaba en la oscuridad. Había perdido de vista el camino recto. No reconocía dónde estaba. No se parecía a nada de lo que había conocido, tanto que no podía describirlo correctamente más que decir que era como un bosque denso. Tan denso que le daba pánico. Lo comparó con la muerte, pero señaló que de ella salían cosas buenas. No sabía cómo había llegado allí, pero era consciente de que había estado caminando inconscientemente. Y sabía que se había salido del camino correcto.

¿Cómo sabemos si estamos experimentando estos bosques oscuros que describe Dante? Hay muchas señales, y la experiencia de cada uno es diferente. Pero algunas de las señales son: empiezas a hacerte preguntas profundas; pierdes el interés por las cosas que antes te apasionaban; nada parece tener sentido; el futuro parece especialmente poco claro o incierto, o el futuro que ves te parece especialmente poco atractivo o sin sentido; tienes problemas para dormir toda la noche o lo único que quieres hacer es dormir; te has vuelto generalmente inquieto; te vuelves apático, todo parece insulso; empiezas a comportarte de forma imprudente; o tienes una envidia inusual de otras personas.

La primera lección de los bosques oscuros es que la vida es complicada. Algunas personas responden diciéndose a sí mismas: «Bueno, las cosas ya son complicadas, bien podría crear más confusión y los tipos de confusión con los que siempre he fantaseado». Otras personas responden tratando de exiliar su confusión. Consiguen nuevos amigos, un nuevo trabajo y nuevas cosas. Se dicen a sí mismos que están empezando una vida completamente nueva, libre de toda la confusión de su pasado. Olvidan la confusión ineludible que hay en su interior.

Hay sabiduría en la confusión. Sumérgete en la sabiduría de la confusión con todo el valor y la conciencia que puedas reunir. ¿Cómo? Reconoce que la vida es complicada. Date cuenta de que todos estamos heridos y rotos. Acepta algún nivel de responsabilidad por tu confusión. Este reconocimiento, la comprensión y la aceptación son los requisitos previos para la sabiduría de una vida complicada. Juntos dan lugar a una conciencia punzante de cómo hemos llegado a estar donde estamos y de lo que tenemos que hacer para continuar nuestro viaje.

La noche oscura del alma.

En el siglo XVI, un místico español llamado Juan de la Cruz escribió un poema conocido como *Noche oscura del alma*. Narra el viaje del alma y marca uno de los descubrimientos espirituales más significativos de todos los tiempos.

La noche oscura del alma es una crisis espiritual, una forma de depresión espiritual, un dilema existencial. Produce duda, confusión y tristeza en el alma. La tristeza del alma que experimentamos durante la noche oscura es una forma extrema de tristeza que no tiene causa ni explicación. También produce una condición espiritual conocida como desolación. En este estado se experimenta la angustia del vacío total. Todo parece carecer de sentido. Juan de la Cruz describe el estar «perdido en el olvido».

La noche oscura del alma aniquila todo lo que crees de ti mismo que no es verdad. Todo es despojado excepto tu ser esencial. Tu antiguo yo queda atrás y surge tu nuevo yo. Y cuando la oscuridad desaparece, tienes una claridad como nunca antes, porque todo lo que queda es el yo sin el que no puedes vivir y un sentido punzante de cómo pasar el resto de tu vida.

El vacío.

Ha habido momentos de increíble abundancia en mi vida, pero también he experimentado momentos de asombroso vacío. Y en este momento, estaba experimentando un momento de profundo vacío. Había estado aquí antes, pero nunca así. Imagínate estar hambriento y preguntarte si alguna vez volverás a saciarte. No es que vayas a morir de hambre, sino que vas a tener hambre el resto de tu vida. Así es como me sentía yo.

La cuestión es que el vacío no puede ser tratado de una vez por todas. Hay momentos en la vida en los que nos sentimos tan satisfechos, tan llenos, rebosantes y desbordados. Uno de mis recuerdos más vívidos de satisfacción y felicidad fue justo después de que naciera mi hija. Estaba acostado en la cama junto a ella, sonreía y hacía ruidos de bebé, y de repente me invadió una ola de gratitud infinita. No dejaba de escuchar en mi mente la frase del discurso de Lou Gehrig en el estadio de los Yankees: «Hoy me considero el hombre más afortunado sobre la faz de la tierra». Estaba tan feliz que me puse a llorar. Fue uno de los mejores momentos de mi vida. Pero en las semanas siguientes se sucedieron una serie de acontecimientos tan rápidos que me provocaron un latigazo espiritual. La vida pasó de los máximos a los mínimos a una velocidad vertiginosa. Y una vez más me encontré experimentando un profundo vacío, y preguntándome, ¿cómo puede ser que esa nada me consuma tanto?

Todos experimentamos el vacío, y todos tenemos formas

de afrontarlo. A lo largo de mi vida he lidiado con el vacío de diversas maneras. Todas han sido igualmente ineficaces, excepto una.

He intentado llenar el vacío con trabajo, placer, comodidad, cosas y planes para el futuro. Pero ninguna de ellas me ha dado satisfacción porque esas cosas no tienen derecho a estar en el vacío. Cuando termino de distraerme con estas cosas, el vacío sigue ahí.

Solo hay un enfoque que ha funcionado de forma consistente. Sé que funciona, pero aun así, me resisto, prefiriendo estas otras distracciones a la solución real. Todos compartimos esta locura. Si nos observamos a nosotros mismos en estos momentos, obtendremos una visión única de la confusión. Todos los días nos encontramos con momentos de decisión. El mejor camino está claro, pero elegimos otro. El mejor camino nos lleva al destino al que queremos llegar, y aun así, elegimos otro camino. Cada vez que elegimos otro camino, nuestra vida se vuelve más confusa.

Aprender a lidiar con nuestro vacío de forma saludable es una cosa. Elegir lidiar con el vacío de forma saludable requiere autoconciencia y coraje. La diferencia entre aprender y elegir es similar a la diferencia entre conocimiento y sabiduría.

Solo he encontrado una forma que funciona. Es esta. Busca un lugar tranquilo, siéntate, cierra los ojos, reconoce la presencia de Dios, respira profundamente, háblale brevemente de cómo la vida te ha dejado vacío y pídele a Dios que te llene.

Lo sé. Suena muy simple. Demasiado simple. Pero la simplicidad o la complejidad es irrelevante. Lo único que importa es esto: ¿funciona?

¿Por qué la vida es tan complicada?

Es una pregunta razonable. Pero vale la pena preguntarse si realmente queremos saber la respuesta. Tal vez ya sepamos la respuesta, pero hacemos la pregunta con la esperanza de que tal vez, de alguna manera, la respuesta sea diferente.

La vida es complicada porque estoy confundido. Es complicada porque tú estás confundido. Cualquier día de estos la población humana mundial alcanzará los ocho mil millones. Cada uno de nosotros tiene su propia confusión y, por supuesto, si se suman todas esas pequeñas confusiones, se convierte en algo significativo. Esto no es necesariamente bueno o malo. No es necesariamente un problema. El problema ocurre cuando tratamos de vivir como si no fuera así.

El apóstol Pablo observó: «El bien que quiero, no lo hago; y el mal que no quiero, lo hago». ¿Qué estaba diciendo? No hacemos lo que decimos que vamos a hacer. No hacemos lo que pretendemos hacer. A menudo ni siquiera hacemos las cosas que más queremos hacer. Y lo que es peor, a menudo hacemos cosas que sabemos que son malas para nosotros, cosas que sabemos que dañarán a otras personas, cosas que sabemos que lamentaremos. Y hacemos todas estas cosas, aunque en el fondo no queramos hacerlas.

La vida debería vivirse con la máxima intencionalidad. Pero con demasiada frecuencia estamos en conflicto y confundidos. Cuando actuamos en estos estados, solemos causar dolor y sufrimiento a nosotros mismos y a los demás. La claridad es necesaria para vivir con gran intencionalidad. Pero encontrar esa claridad es casi imposible en medio de este mundo loco, ruidoso y agitado. Por eso es esencial tener tiempo en silencio y soledad cada día.

¿Por qué la vida es complicada? La vida es complicada porque estamos confundidos. Pero esta no es la única razón. La vida es complicada por razones que tienen sentido, pero también puede ser complicada en formas que solo pueden ser definidas correctamente como un misterio.

La vida también es complicada porque puede ser aleatoria e impredecible. No nos gusta lo aleatorio e imprevisible. La ilusión de control es una de las más poderosas. La realidad es que, aunque podemos influir en muchos resultados, no tenemos el control. A pesar de esta realidad indiscutible, malgastamos mucha energía en esa ilusión, tratando de controlar a las personas, las situaciones y los resultados.

La vida es complicada, pero no es solo complicada. La vida también es maravillosa. Pero esta es la perspectiva que nos abandona cuando estamos en medio de la confusión. Perdemos de vista todo lo bueno y nos consume la confusión en la que estamos envueltos. En esos momentos tenemos la tentación de pensar que la vida nunca volverá a ser buena. Esta es la perspectiva que nos roba la esperanza. La verdad es que la vida es complicada, pero también es maravillosa, hermosa e inspiradora.

Cuando empecé a garabatear en este cuaderno, había perdido esta perspectiva más completa y trataba desesperadamente de recuperarla. Sabía que yo estaba perdido y eso era una gracia. Pero eso era todo lo que sabía en esos momentos oscuros. No sabía cómo perderme. Así que escribía, con la esperanza de que, consciente o inconscientemente, garabateara algo que señalara el camino hacia un futuro más brillante. Dondequiera que estés en tu vida, espero que estas palabras hagan lo mismo por ti.

La vida es complicada porque nosotros estamos confundidos. El camino a seguir siempre requiere que nos responsabilicemos de nuestra parte en la confusión.

•

Ten esa conversación.

Hay una conversación que necesitas tener. Lo sabes. Puede que la estés evitando. La conversación que más temes tener es probablemente la conversión que más necesitas ahora mismo.

•

Cuando el mal viene de visita.

Fue durante esta época de mi vida que el mal vino a visitarme. Había sido testigo del mal y lo había rozado muchas veces antes de eso. Pero en esos días, vino a visitarme, se sentó en una silla en el centro de mi sala, e hizo sentir su presencia, día tras día, durante semanas y meses.

Hoy en día, es popular descartar la idea del bien y del mal como una tontería de otra época. Pero el mal existe. Cuando nos vemos obligados a reconocer la devastadora realidad del mal, nuestra tendencia es pensar en él como algo lejano. Hasta que un día doblas la esquina y ahí está, y tu vida nunca será la misma.

La triste y trágica verdad es que el mal nunca está lejos. No muy lejos de donde estás sentado ahora mismo, hombres, mujeres y niños están siendo forzados a todo tipo de esclavitud y prostitución, por gente tan feroz que se parece más a bestias salvajes que a personas. No muy lejos de donde estás sentado ahora mismo, la violencia doméstica y el abuso infantil en todas sus formas hace estragos. No muy lejos de donde estás sentado ahora mismo, alguien acaba de comprar un arma para matarse a sí mismo o a otros. No muy lejos de donde estás sentado ahora mismo, se están vendiendo drogas a los niños y cambiando el rumbo de sus vidas para siempre. No muy lejos de donde estás sentado ahora mismo, alguien está siendo torturado, aprovechado, chantajeado, corrompido, intimidado. No muy lejos de donde estás sentado en este momento, hay demasiadas personas que no tienen nada que perder. No muy lejos de donde estás sentado en este momento, hay niños que tienen tanta hambre que no pueden dormir.

El mal nunca está lejos. Es real y está cerca.

Yo he sido testigo del mal. Pero ser testigo del mal en la vida de otros no es lo mismo que ser tocado por el mal. El toque del mal es algo que nunca se olvida. Te hiela hasta los huesos, y te deja con una furia blanca.

Cuando el mal entra en tu vida, se convierte en una presencia. Durante mucho tiempo, está en medio de cada habitación exigiendo nuestra atención. Es imposible apartar la mirada. A medida que pasa el tiempo, se puede trasladar a un rincón de la habitación, luego a la habitación de al lado, y después al sótano o al patio trasero. Pero una vez que tu vida ha sido tocada por el mal, esa presencia nunca te abandona. Habrá días buenos y días malos, y los días malos surgen de la nada, cuando menos lo esperas, y no sabes por qué.

Durante esta época de mi vida, el mal me perseguía día y noche. Sobreviví, pero a un precio. Y esas experiencias se cernirán sobre mí el resto de mi vida. Me hirieron de una manera que nunca imaginé posible. Nunca seré el mismo. Todo lo que haga y diga durante el resto de mi vida estará influenciado por esas experiencias. Y también todo lo que escriba. Pero vivo con la esperanza de que esos tormentos me conviertan en un hombre mejor.

La vida puede cambiar en un instante.

La vida puede cambiar en un instante. Esto no es solo cosa de películas y cuentos de hadas. Tu vida puede cambiar realmente en un instante, para bien o para mal.

Recuerdo que estaba desayunando en Nueva York, en el Athletics Club con vista al Central Park, el día que conseguí mi primer contrato de publicación. John F. Kennedy Jr. estaba sentado en la mesa de al lado. Todavía puedo saborear las rodajas de piña recién cortadas. Esa misma mañana entré a una reunión editorial que cambió mi vida para siempre. Pocos años después, vi las noticias de que el avión de John F. Kennedy Jr. había caído en Martha's Vineyard. Un trágico accidente había acabado con su vida.

Algunos momentos que cambian la vida nos elevan el corazón y nos hacen sentir que estamos en la cima del mundo, pero otros nos destrozan el alma. Yo estaba experimentando el despedazamiento del alma.

La vida puede cambiar en un abrir y cerrar de ojos, pero la mayoría de los cambios significativos en nuestras vidas se acumulan con el tiempo antes de convertirse en algo maravilloso o devastador. Cualquiera que haya amado a un adicto o narcisista lo sabe muy bien. Al igual que cualquier persona que haya trabajado toda su vida para desarrollar un talento, solo para ser descubierto en un lugar inesperado en un momento inesperado.

He tenido más que mi parte de todo lo bueno que la vida puede ofrecer. Pero es la naturaleza inesperada de las peores experiencias de nuestra vida lo que exacerba la forma en que nos devastan. Algo sucede y por ello todo cambia. Nunca serás el mismo, tu vida nunca será la misma, tu corazón nunca será el mismo, pero la vida sigue adelante con o sin ti, empujándote implacablemente hacia el futuro desconocido.

Tres veces, antes de cumplir los cuarenta, fui a ver a un médico y me dijeron que tenía cáncer. Tres casos no relacionados. La primera vez tenía treinta y cinco años. Recuerdo que salí aturdido del médico, mi vida acababa de cambiar en un instante. Me enfrenté a mi mortalidad por primera vez. Me senté en el auto durante unos veinte minutos antes de arrancarlo, y tengo recuerdos vívidos de todo el mundo girando a mi alrededor. Lo que parecía importante hacía una hora ya no importaba. La gente se apresuraba aquí y allá, haciendo su vida, ajena al hecho de que todo el rumbo de mi vida acababa de cambiar. Es una sensación de soledad. La segunda vez tenía treinta y ocho años y la tercera fue al año siguiente. El tercer encuentro llevó a la extirpación de una gran parte de mi riñón derecho.

Pero nadie me contagió el cáncer. Simplemente ocurrió. Era simplemente parte de la vida. No había nadie a quien culpar, nadie hacia quien albergar ira y resentimiento. Eso lo hace más fácil.

Es cuando una persona te hace daño intencionadamente, tu vida cambia en un instante cuando te enfrentas a las partes más oscuras de ti mismo. Es cuando un grupo de personas decide hacerte daño, colectivamente o de uno en uno, cuando se pone a prueba tu fe en la humanidad.

Ve despacio.

Esto fue lo siguiente que escribí en mi diario: «Estás muy por encima del límite de velocidad de la vida. Tienes que ir más despacio».

La vida no es una carrera. Esta es una de esas lecciones por excelencia que todos escuchamos en diferentes momentos de nuestra vida. Nos decimos a nosotros mismos: «Lo tengo».

Pero no lo hacemos. Disfruta del viaje. Otra de esas lecciones. Nos decimos a nosotros mismos: «Lo tengo». Pero no lo hacemos. Seguimos corriendo como maníacos.

Pero aquí está el verdadero problema de correr por la vida. Si piensas en la vida como una carrera, cada paso hacia adelante y hacia atrás, cada pausa, te parecerá que no pertenece, como si fuera una pérdida de tiempo.

Cada paso es parte de la vida, y hay vida en cada paso. La vida no es una carrera, es una danza. Cada paso hacia adelante y cada paso hacia atrás, dando pasos hacia los lados y girando en círculos, son todos parte de la danza que llamamos vida.

Los grandes bailarines nunca tienen prisa. Se relajan en el ritmo, se convierten en uno con sus compañeros y experimentan el regocijo de la danza. ¿Cuándo fue la última vez que tu vida se sintió así?

El simple hecho de ir más despacio mejora casi todo en nuestra vida.

La normalización del mal.

¿Qué es el mal? El mal se define como algo profundamente inmoral. La propia definición encierra la razón de la escalada del mal en nuestro mundo, aunque no sea evidente al principio. Todo depende de la palabra *inmoral*.

La palabra *inmoral* presenta un intrincado problema para nuestra cultura. La moral casi nunca se menciona. No recuerdo la última vez que escuché a los medios de comunicación describir algo como inmoral. Todo tipo de perversión y depravación se ha convertido en una preferencia personal y un derecho de alguien.

Cuando pretendemos que no existe lo correcto y lo incorrecto, lo bueno y lo malo, esto conducirá inevitablemente a la proliferación del mal. Y así ha sido.

Cuando la inmoralidad se convierte en tu moral, estás profundamente perdido. Y la inmoralidad se ha convertido en la moral de un número alarmante de las personas más influyentes de nuestra sociedad.

Nuestro consumo diario de medios de comunicación y entretenimiento que celebran implacablemente la inmoralidad como preferencia personal, y la depravación como un derecho personal, nos ha insensibilizado a la realidad y los efectos del mal.

La normalización de cada acto inmoral en la televisión interfiere continuamente con nuestra brújula moral. Ya no podemos discernir el verdadero norte. ¿Cómo se consigue esta normalización de actos asombrosamente grotescos e inmorales? Gradualmente y por repetición.

Si se rastrea la historia de la representación de la violencia, el consumo de drogas, los asesinatos, los desnudos y las agresiones sexuales gráficas en el mundo del espectáculo —teniendo en cuenta estos dos temas— es fácil ver cómo hemos llegado hasta aquí. Sucedió gradualmente y con una repetición implacable. Es la historia de la rana en el agua hirviendo. Nosotros somos la rana.

Así es como nos insensibilizamos al mal. No debería

sorprender que ahora tengamos generaciones de personas moralmente ambivalentes que viven sin valores. Así es como se permite que todas las formas de maldad prosperen en la sociedad: la pobreza, la opresión, la destrucción, la violencia, la discriminación, la corrupción y la esclavitud, por nombrar solo algunas.

El mal que tú haces normal ocurrirá cada vez más en la sociedad.

Cada época tiene nuevos narradores, pero una verdad perdura: nos convertimos en las historias que leemos, escuchamos y vemos. Los narradores de hoy parecen estar comprometidos con la normalización del mal y, por extensión, con la aniquilación de la dignidad humana. No la dignidad de algunas personas anónimas, sino la aniquilación de tu dignidad, mi dignidad y la dignidad de nuestros cónyuges, hijos, nietos, amigos, colegas y vecinos. El mal está mucho más cerca de lo que sospechamos.

La deshumanización.

¿Qué es lo que realmente ocurre aquí? Estamos deshumanizando a toda una civilización al insensibilizar a la gente ante el mal. Cuando se deshumaniza a la gente, se *cambia la forma en que nos tratamos unos a otros*. La gente empieza a degradarse mutuamente, en lugar de ennoblecerse. Por ejemplo, la brutalidad nos envilece, mientras que el amor y el respeto nos ennoblecen. ¿Vivimos en una sociedad de amor y respeto o en una sociedad de brutalidad? La pregunta en sí es inquietante.

La respuesta no es binaria, pero aun así, gran parte de nuestra sociedad está comprometida con diversas formas de brutalidad como para descartar la pregunta.

Esterilizamos toda forma de brutalidad situándola a distancia y despersonalizándola. Preferimos las discusiones hipotéticas y filosóficas sobre el mal a la exploración personal del tema. Pero los efectos del mal son siempre profundamente personales.

La violación es uno de los actos más brutales que puede experimentar una persona, y uno de los más deshumanizados, y se ha representado cada vez más en la televisión.

Una de cada seis mujeres en Estados Unidos ha sido víctima de una violación. Esta es solo una estadística. Se podrían citar docenas, una más inquietante que la anterior. Pero las estadísticas son frías y distantes. Nos permiten situar el mal a distancia. Así que permítanme decirlo de otra manera. Una de cada seis de nuestras hijas, esposas, hermanas y madres ha sido violada.

También cabe señalar que la violación de un varón es prácticamente inexistente en la televisión, lo que hace que esta forma particular de brutalidad y deshumanización se dirija casi exclusivamente a las mujeres en el mundo del espectáculo. La propia palabra debería hacernos reflexionar: *entretenimiento*. La violación como forma de entretenimiento. ¿No es eso de lo que estamos hablando en el contexto de la televisión, las películas y los libros? Aniquilar la dignidad de las mujeres de esta manera pasa prácticamente desapercibido.

Esto es solo un ejemplo. El mal es real y está mucho más cerca de lo que queremos reconocer. Pero nunca he oído que nadie gane una guerra fingiendo que no está en el campo de batalla. Hasta que el mal no nos toca de forma ineludiblemente personal, no pensamos en él en absoluto o lo vemos como algo lejano.

Más cerca de lo que piensas.

Si realmente queremos entender la conclusión, tenemos que explorar nuestro papel en ella. La incómoda realidad es que todos participamos en el mal. Evitamos reconocerlo limitando nuestras conversaciones sobre el mal a cosas que creemos que nunca haríamos o evitando la conversación por completo. Pero es cierto, todos participamos en el mal.

Volvamos a considerar la definición de maldad. El mal se define como algo profundamente inmoral. ¿Has hecho alguna vez algo que haya alterado negativamente el curso de tu vida o la de otra persona? Eso es profundamente inmoral.

Lo he hecho. Lo hice ayer. Me costará un gran esfuerzo no volver a hacerlo hoy. La mayoría de nosotros participamos en el mal todos los días y no nos damos cuenta. El ejemplo más común e insidioso es el chisme. Es quizá el mal cotidiano que más se ha normalizado.

Si estuvieras planeando asesinar a alguien, sospecho que tendrías todo tipo de sentimientos de ansiedad antes del evento. Pero si asesinaras a alguien todos los días, ¿cuánto tiempo pasaría antes de que dejaras de tener esos sentimientos?

Los seres humanos pueden llegar a insensibilizarse incluso ante las cosas más horribles, y nos hemos insensibilizado ante lo profundamente que afectan los chismes a todos los implicados. La mayoría de nosotros no nos consideramos asesinos, pero es muy fácil asesinar la reputación de alguien con chismes.

El poder de la palabra es insondable. El chisme nunca se puede deshacer. Es cruel, divisivo y degradante. Altera la forma en que la gente ve a otra persona para siempre. Roba a la víctima la dignidad y las oportunidades.

Me avergüenzo de haber participado en chismes sobre otras personas. Incluso mientras escribo estas palabras, me observo a mí mismo esterilizando el acto, distanciándome de él con mi elección de palabras: *involucrado*. Pero sé que he dañado a la gente al participar en este mal cotidiano. Puede que nunca sepan el daño que les he causado, pero eso no hace que sea menos. Sé que he causado daño a sus reputaciones, y me es imposible saber el dolor que les he causado o las oportunidades de las que han sido excluidas por culpa de mis cotilleos. También he sido el cobarde que se sentó en silencio y escuchó pasivamente, mientras otros asesinaban el carácter de alguien. Y he sido el tonto que acumula cuando otros estaban chismorreando sobre una persona, pateando a un hombre mientras estaba en el suelo.

Todos hemos estado en el otro lado de esta injusticia. Tú has sufrido a manos de los chismosos. Yo también. He sido asesinado mil veces por los chismes. Son gajes del oficio para cualquier persona cuyo trabajo la pone bajo el escrutinio público, pero eso no lo hace más fácil.

Por eso he elegido el chisme como ejemplo del mal cotidiano, porque no conozco a una sola persona que no haya sido autor y víctima. Todos hemos estado en ambos lados de este mal.

Los chismes pueden destruir la reputación de una persona, afectar el rumbo de su vida para siempre y destrozar su autoestima. También puede conducir a la ansiedad, la depresión, la adicción, los pensamientos suicidas y muchas otras consecuencias que no se pueden prever. Las consecuencias imprevistas de los chismes son de una magnitud diferente a las previstas. Las consecuencias previstas pueden ser micro, mientras que las consecuencias no previstas son macro. Los chismes pueden arruinar literalmente la vida de una persona.

Veamos ahora el daño que nos causa el chisme. El chisme endurece nuestros corazones. Hay que endurecer el corazón hacia una persona para poder chismear sobre ella. Este endurecimiento del corazón es un prerrequisito inevitable del chisme. Pero cuando endurecemos nuestro corazón hacia una persona, endurecemos nuestro corazón hacia todas las personas, incluidos nosotros mismos. Por lo tanto, el chisme nos lleva a volvernos indiferentes al sufrimiento de otra persona. Esta es solo una de las formas en que nos deshumaniza.

El chisme ataca nuestra propia autoestima. Señalar los defectos y las imperfecciones de los demás no hace más que llamar la atención sobre nuestros propios defectos e imperfecciones. ¿Cómo te sientes cuando cotilleas? Seguramente te sentiste disgustado contigo mismo en ese momento. ¿Pensaste más o menos en ti después de chismorrear?

¿Cómo crees que hizo sentir a la persona con la que cotilleabas sobre ti? Si haces algo que te hace pensar mal de ti mismo, ¿no es inevitable que los demás también piensen mal de ti?

Los chismes destruyen las relaciones. Generan desconfianza y amargura. A la gente no le gusta la gente que chismorrea, y no confía en ella. Los chismes promueven la envidia y la división, y al final nos separan de la gente. Cuando chismorreamos, estamos anunciando al mundo que hablamos con malicia de los demás, que somos inseguros o nos sentimos amenazados, y que no se puede confiar en nosotros. Los chismes dividen y destruyen.

Los chismes hacen estragos en nuestras emociones. Genera miedo, ira, celos, paranoia, ansiedad, depresión e incluso odio. También conduce a la soledad, porque saber que no se puede confiar en nosotros nos lleva a pensar que no se puede confiar en los demás y que estamos solos en este mundo. La toxicidad de los chismes nos entristece el alma, y si hay algo a lo que debemos prestar mucha atención es a todo lo que nos entristece el alma.

Todos los días participamos en conversaciones que pueden convertirse fácilmente en chismes si no tenemos cuidado. ¿Cómo sabemos cuándo una conversación cruza esa línea? Podríamos confeccionar una lista que incluyera hablar de forma negativa o maliciosa sobre alguien, hacer que una persona parezca incompetente o adecuada, hacer público lo que debería mantenerse en privado, criticar o mentir sobre una persona, etc. Sería una larga lista. Pero el cotilleo es una de esas cosas que se reconoce cuando se ve.

No está de más tener a mano un par de pruebas de fuego rápidas para obtener claridad a medida que se desarrollan las situaciones. ¿Pensarán los demás menos en la persona de la que hablas si dices lo que vas a decir? ¿Te gustaría que otra persona dijera esas cosas de ti? La razón y el motivo también son indicadores poderosos. ¿Por qué lo dices? ¿Tienes una razón válida para decir lo que dices? ¿Cuál es tu motivo para decirlo?

Cuando te encuentras en el extremo receptor del mal, te sientes ridículamente impotente, porque lo eres. Intenta recoger un solo chisme, una sola mentira que se haya dicho sobre ti, y rápidamente descubrirás lo imposible que es borrar los chismes del corazón y la mente de la gente. Eso es lo que pasa con el mal, que te hace sentir indefenso, impotente.

Si tuviera un dólar por cada vez que...

Esta frase tiene su origen en los escritos de Mark Twain. En su libro *Un vagabundo en el extranjero,* escribió: «Si tuviera un dólar por cada persona muerta por mordedura de serpiente al año en la India, preferiría tener eso que cualquier otra propiedad». Desde entonces se ha utilizado de muchas formas, aunque quizá nunca más en relación con las mordeduras de serpiente. El dólar ha sido sustituido por un níquel, un penique o una moneda de 25 centavos. La mordedura de serpiente ha sido sustituida por demasiadas cosas para mencionarlas. Pero la cuestión es que la mayoría de la gente se da cuenta de que si pudiera recibir una pequeña suma por algo que ocurre a menudo, podría hacerse rica. En el caso de Mark Twain, fueron las mordeduras de serpiente y cincuenta mil personas que mueren cada año en la India, una cifra que se ha mantenido asombrosamente estable desde que él escribió esas palabras.

Ahora imagina que recibes un dólar por cada vez que alguien cotillea sobre otra persona. Este negocio se llama redes sociales. Hoy en día, la plataforma más valiosa tiene un valor de más de 850.000 millones de dólares.

Algunas personas defenderán las redes sociales, citando sus virtudes, como: permanecer conectado con la familia y los amigos, el aprendizaje en línea, las oportunidades de trabajo a distancia, el acceso rápido a la información y el compromiso filantrópico y cívico. Pero sus vicios son considerables: comportamiento narcisista, ciberacoso, adicción a las redes sociales, problemas de autoestima, impaciencia, disminución de la capacidad de atención, ansiedad social, falsos amigos, depredación sexual, percepción poco realista de la vida de los demás, expectativas poco realistas de la propia vida, confusión sobre la naturaleza de la amistad, presión hiperbólica de los compañeros, invasión de la privacidad, robo de identidad, vigilancia del comportamiento; contenidos tóxicos, ofensivos, degradantes e inapropiados; problemas de salud mental, privación del sueño, predominio del extremismo sobre las voces racionales y mesuradas, disminución de la creatividad, censura, y, por supuesto, la industrialización del cotilleo.

Las redes sociales han hecho más fácil que nunca arruinar la reputación de una persona. El daño que se puede hacer a una persona a través de estas plataformas es casi ilimitado. Esto es especialmente cierto porque el mundo de las redes sociales es especialmente implacable. ¿Quieres vivir en un mundo sin perdón? ¿Un mundo sin segundas oportunidades ni nuevos comienzos? ¿Quieres vivir en un mundo en el que ni siquiera tienes la oportunidad de admitir que te has equivocado y que puedes hacerlo mejor? ¿Un mundo en el que se te da por perdido y se te descarta? Este es el mundo que han creado las redes sociales.

También hay otros problemas importantes y de gran alcance que han surgido de esta industrialización del chisme: son dos en particular.

En primer lugar, las redes sociales han desplazado la carga de la prueba del acusador al acusado. La culpabilidad por acusación es muy peligrosa. Hay razones importantes por las que los sistemas legales de todas las naciones *civilizadas* colocan la carga de la prueba en el acusador. La principal es el hecho de que en la mayoría de las situaciones es imposible demostrar la inocencia. Por eso nuestro sistema legal considera que un acusado es inocente hasta que se demuestre su culpabilidad. También es la razón por la que un acusado es declarado no culpable en lugar de inocente. Al desplazar la carga de la prueba, los medios sociales se han convertido en algo poco civilizado.

El auge de las redes sociales también ha causado un daño irreparable al oficio de informar. La habilidad, la integridad y la profesionalidad necesarias para informar con precisión de los acontecimientos de este mundo se están convirtiendo rápidamente en un oficio perdido. La opinión domina ahora las noticias. La búsqueda de la verdad se ha subordinado a las agendas personales. Los medios de comunicación ya no se conforman con la humilde profesionalidad de informar sobre las noticias reales y dejarnos decidir por nosotros mismos lo que significan. Arrastrados por la prepotencia y la celebridad, ahora sienten la necesidad de decirnos lo que tenemos que pensar sobre las noticias.

¿Habrían cambiado los informativos cada vez más en esta dirección si los medios sociales no hubieran entrado en nuestra cultura? Es una pregunta que merece ser considerada.

No cabe duda de que la calidad e integridad de los medios de comunicación era mucho mayor antes del auge de las redes sociales. La inmensa popularidad de los medios sociales ha arrastrado las noticias cada vez más hacia el entretenimiento. En un esfuerzo por competir con las redes sociales, los medios de comunicación tradicionales se han empapado de opinión en un esfuerzo inútil por mantener la atención de la gente, los índices de audiencia y los anunciantes. El oficio de informar sobre las noticias ha sido sustituido por un nuevo arte del entretenimiento que prioriza las opiniones y las agendas sobre los hechos de las historias que se informan.

¿Cómo se reinventarán ahora los medios de comunicación? ¿Dónde está la nueva oportunidad? Mi esperanza es que un porcentaje cada vez mayor de personas de ambos extremos del espectro político quieran que se les informe de las noticias con precisión y sin prejuicios ni opiniones.

La cantidad de cobertura informativa es mucho mayor que antes, pero la calidad de las noticias que se transmiten se ha visto considerablemente comprometida. Esta es la cuestión que me planteo: ¿cuáles de las historias más importantes de los últimos cincuenta años no se informarían en el entorno actual?

El impacto negativo de las redes sociales solo está empezando a descubrirse, pero puede estar seguro de que tiene un alcance mayor que la autoestima de los adolescentes. La forma en que se está utilizando para atacar nuestro estado de derecho y destruir la forma en que se informan las noticias son solo dos ejemplos. Las redes sociales son como un medicamento que lleva veinte años en el mercado antes de que se descubra que provoca cáncer.

Entiendo que algunas personas argumenten que los medios sociales son responsables de algo bueno en el mundo. No estoy en desacuerdo. Pero si yo asesinara a gente todos los días y luego fuera voluntario en el comedor social local sirviendo a los sin techo los sábados por la mañana, ¿en qué momento cuestionarías mi integridad?

Las redes sociales han industrializado y comercializado el cotilleo. Es la herramienta más eficaz para la negatividad en la historia del mundo, que se beneficia cada día de la miseria de millones de personas. Si el cotilleo es deshumanizante, las redes sociales son la deshumanización sistemática de toda una cultura. Si reflexionamos sobre nuestra discusión acerca del mal y los chismes, en algún momento, todos los hombres y mujeres de buena voluntad tienen preguntas que hacerse. ¿Las redes sociales favorecen o perjudican la felicidad final de una persona? ¿Es posible que el mundo esté mejor sin ellas?

Más preocupante que las respuestas a estas preguntas es nuestra falta de voluntad para explorar rigurosamente las propias preguntas como individuos y como sociedad. No soy tan tonto como para pensar que podemos volver a meter las redes sociales en la caja de Pandora, pero explorar estas cuestiones puede alterar radicalmente el papel que le permitimos desempeñar en nuestras vidas y en la sociedad. Pero quizá la razón por la que nos negamos a hacerlo es porque tememos descubrir que Internet es una versión moderna de la caja de Pandora: un regalo que al principio parece valioso, pero que en realidad es una maldición, fuente de grandes e inesperados problemas.

La gran rehumanización

El futuro de la humanidad depende de un gran movimiento de rehumanización. Es una afirmación muy amplia, pero creo que es cierta y no la hago a la ligera.

¿Qué es la rehumanización? La rehumanización es un esfuerzo por revertir los efectos de la deshumanización restaurando la dignidad humana, ayudando a todas y cada una de las personas a desarrollar un sentido saludable de sí mismas, y volviendo a dar prioridad a las personas por encima del dinero, los objetos, los sistemas y las instituciones.

La rehumanización consiste en aprender a ser humano de nuevo, lo que puede sonar extraño, pero es sorprendente la frecuencia y la cantidad de formas en que la persona media experimenta la deshumanización.

La deshumanización adopta muchas formas. Algunas cosas son deshumanizadoras por su propia naturaleza, por ejemplo, la violencia, la esclavitud, el abuso, la injusticia, la tortura, la pobreza, el abuso sexual, la discriminación, los chismes, la cosificación y el genocidio. Hay muchas otras cosas que pueden ser deshumanizadoras, como por ejemplo: el trabajo, la tecnología, las deudas, el humor, las leyes, el entretenimiento, las redes sociales, e incluso la educación o el sexo consentido.

Cada vez que se niega el valor y la individualidad de una persona, esa persona está siendo deshumanizada. Y cuanto más se haya deshumanizado a alguien, más operará esa persona a partir de las tendencias primarias de lucha o huida.

El proceso de rehumanización nos recuerda lo que significa ser un individuo de valor. Si reavivamos un sentido saludable de la identidad personal, eso nos ayudará a redescubrir nuestra humanidad.

La rehumanización consiste en aprender a vernos a nosotros mismos y a los demás como humanos de nuevo. Puede parecer ridículo, pero te sorprendería saber de cuántas maneras nos han condicionado para no vernos como seres humanos. Uno de los ejemplos más contundentes y comunes es nuestra incapacidad para expresar nuestras necesidades. Ser humano es necesitar y, sin embargo, hemos sido condicionados a creer que no está bien necesitar ciertas cosas.

Para poder ver y valorar la humanidad de otra persona tenemos que ser capaces de ver y valorar nuestra propia humanidad. Aprender a aceptar que estamos lastimados y rotos es esencial para el proceso de rehumanización. Descubrir nuestra propia ruptura y darnos cuenta de que podemos recomponerla y sanarla para que sea más bella y más amable que nunca es la cumbre de la rehumanización.

Los seres humanos con un sentido sano de sí mismos, cuando sus necesidades básicas están satisfechas y su supervivencia no se ve amenazada, desean cosas buenas para otras personas. Cualquiera que desee la infelicidad o el daño a otra persona, cualquiera que no desee el bien para los demás, está en una condición deshumanizada. Los seres humanos emocionalmente sanos desean el bien para los demás. En nuestro mejor momento, somos amables, bienintencionados, generosos, compasivos, benévolos, considerados, sensibles, tiernos, de corazón cálido y empáticos.

La empatía es un indicador principal del florecimiento humano, mientras que la falta de empatía es una señal de que una persona se encuentra en un estado deshumanizado. La empatía es la condición natural de un ser humano que está mental, emocional y espiritualmente sano. Esto es lo que significa ser humano.

Es hora de dirigir nuestros esfuerzos hacia la gran rehumanización de la familia humana. Es hora de centrarse en las cosas que apoyan la humanización. Es hora de celebrar las cosas que sacan lo mejor de las personas.

Para lograrlo, es necesario un gran cambio en nuestra cultura. Nuestro enfoque en el dinero deshumaniza nuestras relaciones al hacerlas transaccionales. Nuestro enfoque en las cosas nos lleva a deshumanizarnos mutuamente al objetivar a las personas. Nuestro enfoque en las apariencias deshumaniza nuestras relaciones haciéndolas falsas. Es hora de superar el modo de vida orientado al dinero, el modo de vida orientado a los objetos, el estilo de vida orientado a la apariencia, y crear una sociedad orientada a las personas.

¿Hay alguna tarea más urgente ante la sociedad actual? ¿Cuál de nuestros problemas no se resolvería volviendo a vernos a nosotros mismos y a los demás como seres humanos, y tratándonos a nosotros y a los demás como seres humanos de infinito valor individual? Pongamos nuestros esfuerzos en la rehumanización.

Mientras perdemos horas interminables en las redes sociales o en la forma que prefiramos de perder el tiempo, el gran sufrimiento del mundo no se aborda. Pienso en mi propia colaboración con el mal. Pienso en las muchas veces que he hecho daño a otras personas a lo largo de mi vida, a veces intencionalmente, pero sobre todo por ensimismamiento y falta de conciencia. Pienso en las formas en que he deshumanizado a otros. Dos cosas me persiguen cuando reflexiono sobre estas cosas: el daño que he causado y el bien que podría haber hecho si no hubiera estado tan ocupado siendo estúpido y egoísta.

El mal más sutil de todos es el opuesto al amor. Es diabólico e insidioso. No es el odio, no hay nada sutil en el odio. Lo contrario del amor es la indiferencia. Es el flautista de Hamelín que lleva a millones de personas a la desesperación. Pero la indiferencia no es una fuerza en sí misma en este universo. Solo puede ser expresada por una persona a otra persona, de un grupo de personas a otro grupo de personas. La indiferencia no puede sobrevivir en este mundo fuera del corazón humano. Así que desterrémosla de nuestros corazones.

Todos hemos sido indiferentes ante la deshumanización de otras personas, quizá porque nosotros mismos hemos sido deshumanizados. Ahora es el momento de abrazar nuestra propia rehumanización y defender la rehumanización de cada hombre, mujer y niño.

Embajadores de la esperanza.

Hay una batalla que se libra en todos y cada uno de los corazones humanos. Esta batalla se libra entre la esperanza y la desesperación, y podemos inclinar la balanza si aceptamos la llamada a convertirnos en embajadores de la esperanza.

Hace muchos años, volvía a casa del trabajo y me acordé de un amigo. Me di cuenta de que no tenía noticias suyas desde hacía unos días, y supe que había pasado por un mal momento. (Esto era antes de Internet y del correo electrónico). No tengo ni idea de lo que me llevó a hacerlo, pero me dirigí a su casa, en el otro extremo de la ciudad, para visitarlo.

Cuando abrió la puerta, tenía un aspecto horrible. El lugar estaba oscuro y había basura por todas partes. Abrimos las cortinas para que entrara un poco de luz y algunas ventanas para que circulara el aire fresco. Le propuse que se afeitara y se diera una ducha, mientras yo pedía una pizza y ordenaba un poco. Se resistió por un momento, pero le dije: «Vamos, te sentirás mucho mejor, y cuando termines la pizza estará aquí». Nos sentamos en el porche de su casa a comer pizza y contar historias, y cuando terminamos, me fui a casa.

Al día siguiente abrí mi buzón y encontré esta nota manuscrita de él: *«Anoche iba a suicidarme, pero entonces pasaste a saludarme y pensé que yo le importaba a alguien. Así que, gracias».*

Algo así te detiene en tu camino. Te recuerda lo poderosas que son nuestras acciones y lo trágica que puede ser la inacción. Sabía que él la había pasado mal, pero nunca imaginé que haría algo tan drástico.

Hoy ese hombre es médico. Tiene una esposa y tres hijos, una hipoteca y un perro. Aquella noche, hace tantos años, estaba pasando por una mala racha. Nunca hemos hablado de aquella noche de hace tantos años, pero él lo sabe, y yo también. ¿Qué sabemos? Sabemos que podemos llamarnos a cualquier hora del día o de la noche, y que estaremos ahí el uno para el otro, sea cual sea la necesidad.

La cuestión es que nuestras acciones pueden inclinar la balanza entre la esperanza y la desesperación. Ese es un poder que hay que utilizar a menudo y respetar siempre.

Imprudente, descuidado y temerario.

Todos hemos visto a personas que se comportan de forma imprudente y descuidada. Tal vez nos preguntemos a nosotros mismos: ¿cómo puede alguien comportarse de forma tan imprudente?

El origen de la imprudencia es la irreflexión. Todos hemos sido irreflexivos, y todos hemos sido víctimas de la irreflexión de otras personas. Pica, pero el dolor no dura mucho. Si somos desconsiderados con suficiente frecuencia, nos volvemos descuidados. Si alguna vez has sido víctima de la desconsideración, sabes que te cambia. Cuando la gente es descuidada con nuestra seguridad, o descuidada con nuestra confianza, o descuidada con nuestros corazones, duele. Y ese dolor es real.

Dependiendo de la gravedad del descuido, puede que nunca nos recuperemos del todo. Tiene el potencial de hacernos cínicos, hastiados, desconfiados y miserables. Pero cambia a la mayoría de las personas de esta manera: nos volvemos más cautelosos con la gente, somos más amables con los demás y les damos el beneficio de la duda, porque no queremos estar en el lado que da el descuido.

Así es como me afectó el sufrimiento por la falta de cuidado de otras personas. Me hizo frenar. Me hizo temer ser descuidado e infligir la misma angustia a otra persona.

Como todos los malos rasgos, el descuido es deshumanizante. Deshumaniza a la persona que es descuidada y a la persona con la que es descuidada. ¿Qué parte de nuestra humanidad se erosiona? La ternura. La imprudencia nos roba la ternura. Las personas que se despreocupan regularmente se vuelven incapaces de sentir ternura por los demás. Las personas que han sido víctimas de la despreocupación retienen su ternura en un esfuerzo por mantenerse a salvo.

La irreflexión lleva a la imprudencia, y la imprudencia prepara el terreno para la negligencia. Ten cuidado con las personas negligentes: te destruirán en el camino de destruirse a sí mismas. Una persona negligente, o en estado de negligencia, no tiene en cuenta la seguridad, la comodidad o las necesidades de los demás. Es ajena a los peligros de una situación e indiferente a las consecuencias de sus actos. Mentirá sobre las cosas sin razón y no le importará incluso cuando sepa que está siendo hiriente. Se negará a disculparse por cualquier cosa, o se disculpará sin quererlo. Carece de toda empatía. Se niega a controlar sus impulsos. Disfruta manipulando a los demás. Se enojará sin motivo. Es completamente egocéntrica. Una persona negligente puede ver el miedo, la tristeza o la decepción en sus ojos, pero seguirá adelante a pesar de todo. Es imposible justificar la imprudencia, pero lo intentarán, y en el proceso harán que te preguntes si estás loco. Las personas imprudentes son muy peligrosas. La imprudencia arruina vidas.

Durante estos tres años de mi vida, estuve en el extremo receptor de más desconsideración, descuido e imprudencia que el resto de mi vida. Como las olas que chocan en la playa, parecía implacable. Una situación me derribaba y me ponía de pie, solo para ser demolido por otra ola de descuido o imprudencia.

¿Saben cuánto sufrimiento me han causado? Es un camino deprimente. Hay días en los que me gustaría revolcarme en la autocompasión, pero hay tres cosas que siempre me sacan de ese pozo y me dan una perspectiva no deseada. Esas tres cosas son mi propia irreflexión, descuido e imprudencia.

Hay que afrontar una dura verdad. He sido todas esas cosas. A veces me quedo mirando al espacio pensando en la gente a la que he hecho daño. Me gustaría poder volver atrás y hacer las cosas de forma diferente, pero no puedo. Me gustaría poder hacer algo ahora para compensar mi egoísmo de entonces, pero en la mayoría de los casos no puedo. Me entristece, pero esa tristeza me hace un mejor marido y padre, un mejor hijo, hermano y amigo. Un mejor ser humano. Aumenta mi conciencia y me hace pensar cada vez más en cómo mis palabras y acciones afectan a los demás. Y hay otra dura verdad que afrontar. Todavía me queda un largo camino por recorrer, porque aún me encuentro cayendo en la irreflexión.

Misericordia.

Cuando era niño, jugábamos en la escuela a un juego llamado «Misericordia». Dos jugadores se agarran las manos y entrelazan sus dedos. Cada jugador intenta doblar la mano de su oponente o retorcer sus dedos hasta que el oponente se rinde gritando «¡Piedad!».

A veces me gustaría poder pedir clemencia a la vida, y que al hacerlo se aliviara la presión y el dolor, no indefinidamente, solo el tiempo suficiente para recuperar el aliento y recogerse.

Futura agitación.

Habrá más agitación en mi futuro. Lo sé. La vida es complicada y sigue siendo complicada. Lo que he compartido con ustedes en estas páginas son mis reflexiones basadas en una época increíblemente difícil de mi vida. Sobreviví. Esos días han quedado lo suficientemente atrás como para reflexionar sobre ellos con ojos claros. Todavía hay días en los que miro hacia atrás y la tristeza me abruma, y días en los que decido no mirar atrás. ¿Será siempre así? No lo sé.

El futuro es incierto, pero no completamente desconocido. Habrá más tormentas en mi vida y en la tuya. Lo sé. Solo que no sé cuándo. Habrá más turbulencias en el futuro. Estoy seguro de ello, aunque no sé con qué disfraz vendrá.

Más personas me mentirán, tratarán de utilizarme y manipularme para sus propios fines, y más traiciones no son descartables. Aun así, me niego a perder la fe en la gente. Me niego a perder de vista todo lo bueno. Me he dado cuenta de que la mayor parte del sufrimiento que causa la gente, la mayor parte de las atrocidades que comete, son inconscientes. «No saben lo que hacen», fue la apreciación de Jesús y he sido testigo de esta verdad una y otra vez. Y sin embargo, los seres humanos son gloriosamente capaces de amar y de ser bondadosos, y de todo tipo de bondad. Y parece que cuando su supervivencia no está amenazada, si no han sido deshumanizados, prefieren la bondad por encima de todo lo demás.

La vida es difícil.

La vida es difícil. Podemos aceptarlo o agraviarnos, pero no podemos cambiarlo. El error que cometemos, con distintos grados de conciencia, es que creemos que la vida debería ser fácil, y que seríamos más felices si lo fuera. Nos torturamos cuando confundimos lo fácil con lo bueno y lo difícil con lo malo. Esta falsa creencia conduce a un choque de titanes entre la realidad y nuestras ilusiones.

La vida fácil es un espejismo. Los que persiguen esta ilusión acaban enojados, rotos, decepcionados, cínicos y resentidos. Cualquiera que piense que la vida debería ser fácil carecerá de empatía por los demás en sus luchas. También carecerá de empatía hacia sí mismo cuando se vea zarandeado por las dificultades de la vida. En el extremo, cuando su propia vida se vuelve difícil, puede llegar a creer que hay algo malo en sí mismo.

El problema no es que la vida sea difícil. Se supone que es

difícil. El problema es que esperamos que sea fácil o intentamos que lo sea. La vida nos propone una serie de retos, dilemas, problemas, insatisfacciones, sinsabores y oportunidades. La forma en que respondemos a estos acontecimientos determina la dirección y la calidad de nuestras vidas. Pero nos hemos vuelto tan expertos en la resolución de problemas, que pensamos que la vida misma es un problema a resolver. Pero el «problema de la vida es difícil» no tiene solución porque no es un problema.

Nos proponemos evitar toda dificultad y fricción. Esto es imposible, así que nos agitamos y nos enojamos. Evitamos cualquier cosa que nos produzca estrés. El dolor es inaceptable en este paradigma, así que cada vez que nos encontramos con él intentamos adormecerlo.

Todos nuestros esfuerzos por evitar las dificultades de la vida nos alejan de todo lo que es profundamente satisfactorio. Si tu objetivo fuera una vida fácil, ¿sería posible algo de lo siguiente? ¿Relaciones significativas, trabajo profundamente satisfactorio, salud y vitalidad, criar a los hijos, iniciar un negocio o dominar una profesión o afición?

¿Qué estás evitando que deberías afrontar?

Esta búsqueda de la vida fácil nos lleva al abismo de la comodidad. Empezamos a ver la comodidad como el antídoto para todo lo que es difícil. Pero pronto la comodidad se convierte en dolor. Lo sé, es una paradoja, pero es real. Puede que no sea dolor físico, sino dolor emocional y angustia espiritual. No estamos hechos para una vida fácil, así que con cada intento de vida fácil nos infligimos un agudo sufrimiento emocional.

Ahora nos encontramos en una encrucijada. Podemos volver a la realidad y enfrentarnos a las dificultades de la vida, o podemos permitir que la realidad siga chocando contra nuestra ilusión de una vida fácil. Muchos eligen sus ilusiones, pero acaban sufriendo más por su evasión de lo que habrían sufrido si simplemente hubieran abrazado las dificultades de la vida. Habiendo abandonado el camino que lleva a todo lo que es profundamente satisfactorio, se vuelven miserablemente descontentos, y se pasan la vida quejándose de todo y de todos. Solo un tonto hace de la vida fácil su objetivo final.

Cuando los seres humanos están en su mejor momento, se enfrentan a las dificultades de la vida de frente. Aprenden a retrasar la gratificación, a abrazar la realidad, a liberarse de las ilusiones, a aceptar la responsabilidad de sus vidas y a vivir con la sabiduría de que las experiencias más satisfactorias suelen ser difíciles.

Recurrir a la comodidad.

Es natural recurrir a la comodidad en momentos de dolor, angustia, agotamiento, trauma y sufrimiento. La comodidad tiene un papel que desempeñar en nuestras vidas, pero pocas cosas pondrán a prueba nuestra sabiduría y virtud más que el discernimiento de una relación correcta con la comodidad.

Antes de estos tiempos oscuros, nunca me había

planteado una pregunta elemental: ¿cuál es el propósito de la comodidad? Es fascinante cómo algo tan común como la comodidad puede permanecer sin cuestionarse durante tanto tiempo.

El propósito de la comodidad es la curación, el rejuvenecimiento y la renovación. Nos sirve para aliviar el dolor y el sufrimiento, mitigar la angustia y ayudarnos a trascender las experiencias. Nos prepara para afrontar de nuevo los retos y las oportunidades de la vida.

Pero la comodidad también tiene un lado oscuro. Es seductor y puede convertirse fácilmente en una forma de vida. Cuando la comodidad se convierte en el objetivo de nuestras vidas, comenzamos una espiral descendente debilitante. Una vez que somos adictos a la comodidad, esta pasa de fortalecernos a debilitarnos.

La comodidad es un sirviente hermoso, pero un amo feo. Es un tirano astuto y malvado. Poco a poco, te va quitando la fuerza del alma, y te encuentras incapaz de afrontar tus responsabilidades diarias. Con la fuerza de tu alma minada, te paralizas moral, ética y espiritualmente. Esta parálisis te impide defender lo que es bueno, correcto, verdadero y justo. En este punto estás viviendo para la comodidad. Todo lo que quieres ahora es la comodidad, pero ninguna comodidad es suficiente para satisfacerte.

Si quieres destruir a la gente, haz que se sientan cómodos. Dales todo el consuelo que deseen. La indulgencia excesiva en la comodidad siempre lleva al amor a la comodidad, y el amor a la comodidad envenena el alma. ¿Cómo? La comodidad reduce nuestra capacidad de escuchar la verdad y alinear nuestras vidas con ella.

Cuando escuchamos la verdad, tenemos una de dos reacciones. Si estamos viviendo la verdad que escuchamos, nos deleitamos en su esplendor. Si no estamos viviendo esa verdad, nos sentimos incómodos, porque la verdad no vivida es siempre una invitación a ajustar nuestra vida para alinearla con la verdad que se revela. La verdad puede ser muy incómoda, por lo que un amante de la comodidad se cierra a ella, incluso a la verdad que le liberaría de su adicción a la comodidad.

La comodidad también reduce nuestra capacidad de mantener conversaciones difíciles con la gente. Adormece nuestro sentido de la justicia al abrumarlo con el interés propio. Nos da una falsa sensación de seguridad, al tiempo que crea una dependencia insaciable. Asfixia nuestra curiosidad y creatividad, y nos roba nuestro propio sentido de identidad.

¿Cuántas personas en nuestra cultura son adictas a la comodidad? Quizá todos seamos adictos a la comodidad en distintos grados. Cada uno disfraza su relación ilícita con la comodidad a su manera. Yo tengo una relación malsana con ella. Parece que estoy luchando constantemente para encontrar el equilibrio adecuado. Solo rezo para seguir luchando por encontrar el lugar que da vida a la comodidad en mi vida.

Así como la vida no debe ser fácil, tampoco debe ser

cómoda. Mantente siempre atento al papel que permites que la comodidad juegue en tu vida. Permite que te sirva en tus pruebas y tribulaciones, y al final de un largo día de esfuerzo, no te conviertas en un amante de la comodidad. La comodidad te destruirá mucho antes que las dificultades de la vida.

Inspiración.

Hay algunas comodidades que nunca envenenarán tu alma. La inspiración es la primera de ellas. La palabra significa literalmente, *insuflar vida*. Si debes buscar el alivio, busca aquellos que te eleven.

La inspiración saca lo mejor de nosotros. La inspiración desempeña un papel fundamental en nuestras vidas. Puede ser la diferencia entre sentirse plenamente vivo y la monotonía de pasar un día más.

¿Qué te inspira? ¿Los libros? ¿Las películas? ¿La comedia? ¿La música? ¿La naturaleza? ¿Orar? ¿La gente? Sea lo que sea, encuentra la manera de incorporarlo a tu rutina diaria.

Nos desarrollamos si tenemos un flujo constante de inspiración. Muchos de nosotros nunca hemos experimentado eso. Recibimos un poco aquí y allá, de vez en cuando, pero un flujo constante de inspiración nos cambia la vida.

La inspiración estimula nuestra creatividad, y la creatividad lo afecta todo. Cuando estamos en un espacio creativo, escuchamos de forma diferente, amamos de forma diferente, trabajamos de forma diferente, gastamos el dinero de forma diferente, somos padres de forma diferente y tomamos decisiones a un nivel superior. Somos totalmente diferentes cuando nuestra creatividad se dispara. Se ve todo el tiempo en las conversaciones. El otro día hablaba con un amigo y le preguntaba sobre diversos temas. Cuando llegamos el tema de su inspiración, su postura cambió, su cara se animó y su voz se llenó de entusiasmo.

Estamos en nuestro mejor momento cuando estamos inspirados. La inspiración desencadena la creatividad, y la creatividad cambia la forma en que vemos todo y hacemos cualquier cosa.

Puede que pienses que no eres una persona creativa. Puede que te hayan dicho esto en algún momento de tu vida, pero no es cierto. La idea de que algunas personas son creativas y que otras no es un mito.

Todos somos creativos. La creatividad es una cualidad humana que todos poseemos. Puede que no seas capaz de pintar como Miguel Ángel. No pasa nada. Si la creatividad se expresara de la misma manera en todos, sería aburrido. Se manifiesta de forma diferente de una persona a otra. La creatividad tiene un número infinito de expresiones.

Cada vez que alguien hace algo con pasión y propósito, incluso las cosas más ordinarias, estás siendo testigo de la creatividad. Sí, vemos esta pasión y propósito en músicos y artistas, pero también la vemos en enfermeras y profesores, bomberos y empresarios, madres y padres.

La creatividad está en todas partes si sabes buscarla. Y

está en ti. Aprende a alimentarte con una dieta constante de inspiración y vivirás y amarás de forma más creativa.

Aprecia lo ordinario.

Fueron las cosas ordinarias las que me salvaron. He experimentado suficientes cosas extraordinarias como para saber que elegiría lo ordinario sobre lo extraordinario todo el día. Aprende a valorar lo ordinario. Haz una lista de veinte cosas ordinarias que te aportan alegría cuando las experimentas conscientemente.

Esta es mi lista: Respirar. Dormir. Despertar. El agua. La naturaleza. La comida. Leer. Pensar. La conversación. La música. El arte. Las estaciones. La amistad. Los niños. La bondad. El chocolate. La risa. Los abrazos. Tomarse de la mano. El hogar.

Permite que lo ordinario te cure.

Solo por el placer de hacerlo.

«¿Cómo sabes si eres un buen padre?», me preguntó mi amigo mientras nos sentábamos en el banco del parque. Nuestros hijos pequeños estaban jugando en un parque infantil y en el campo de fútbol que teníamos enfrente. «¡Eres un buen padre!», le contesté.

«Dices eso», insistió, «pero eso no es una respuesta a mi pregunta. ¿Cómo sabes que soy un buen padre?». Él tenía razón. Yo no había respondido a la pregunta, y era una pregunta importante.

«Sé que eres un buen padre por la forma en que tus hijos juegan con otros niños. No solo quieren jugar; quieren jugar con otros. Si los trajeras aquí solos, estarían listos para irse a casa después de quince minutos. Pero nos sentamos aquí durante dos horas y cuando decimos que es hora de regresar a casa, nos suplican unos minutos más. Les encanta jugar con los demás. Y veo que tus hijos no solo quieren divertirse ellos mismos. Para ellos es importante que los demás se diviertan. Se deleitan no solo en su propia felicidad, sino en la de los demás».

Él no dijo nada. Nos quedamos sentados en silencio viendo jugar a nuestros hijos. Y empecé a pensar que yo tenía que aprender a jugar de nuevo.

Mucho de lo que hacemos, lo hacemos por obligación, ya sea real o imaginaria. Mucho de lo que hacemos, lo hacemos porque creemos que tenemos que hacerlo. Hacemos tantas cosas en nuestro afán de ser eficientes. Pero me siento aquí a ver a mis hijos jugar en el jardín, y casi todo lo que hacen, lo hacen simplemente por el placer de hacerlo.

¿Qué haces tú simplemente por gusto? ¿Cuándo fue la última vez que hiciste algo solo por gusto? Es una de las cosas que admiro de la gente. Muchas de las personas que admiro hacen buena parte de lo que hacen solo por gusto. Hay cosas que hacen porque están obligados a hacerlo, y cosas que hacen porque prometieron que harían, y hay cosas que hacen simplemente porque son las cosas correctas. Pero tienen más de estas otras cosas en sus vidas, más de las cosas que hacen solo por la alegría de hacerlo.

Si miras un poco más de cerca, descubrirás algo fascinante. En su mayor parte, hacen las mismas cosas que los demás, pero las abordan de forma muy diferente. Puede que trabajen tan duro como cualquier otra persona, pero no lo hacen solo para ganar dinero o porque tienen que hacerlo, sino que han encontrado una manera de trabajar con alegría. No se centran en terminar para poder hacer otra cosa. Se centran en disfrutar de lo que hacen y en hacerlo bien.

¿Qué puedes hacer hoy solo por el placer de hacerlo?

Todo el mundo está librando una dura batalla.

Mi propia lucha me llevó a ser íntimamente consciente de que todo el mundo está librando una dura batalla, llevando una pesada carga y, de alguna manera, simplemente viviendo el día a día. Para cientos de millones de personas, el mundo es un lugar brutal, triste, injusto y enloquecedor. ¿Son mis males menores que los suyos? Creo que sí. Y aun así, sé que no es saludable tratar de explicar nuestro propio sufrimiento. Hay una manera de reconocer el gran sufrimiento de los demás sin disminuir el nuestro.

La vida es difícil. No para algunos, sino para todos a su manera. La gente no va por ahí con un cartel colgado del cuello anunciando que tiene dificultades.

«Estoy deprimido».

«Ayer tuve un aborto espontáneo».

«Perdí mi trabajo hace dos semanas, pero no sé cómo

decírselo a mi mujer».

«Mi marido me acaba de decir que ya no me quiere».

«¿Soy una buena madre?».

«Soy adicto a las drogas».

«Quiero romper mi compromiso».

«Mi hijo no me habla».

«Acabo de descubrir que tengo cáncer».

«No sé qué hacer con mi vida».

La gente no va por ahí con carteles. Pero todo el mundo está luchando con algo. Cuando somos conscientes de esto, somos más amables con los demás. Cuando lo olvidamos, abandonamos nuestra humanidad.

Todas las personas que conoces están librando una dura batalla, aunque no lo parezca. Medimos la vida de los demás por sus bendiciones, pero no vemos sus cargas ocultas. Nunca se sabe lo que está pasando dentro de alguien, y todo el mundo tiene algo que está pasando en su interior.

Cuando reconocemos que alguien está librando una dura batalla, tendemos a estar a la altura de las circunstancias. Esto saca lo mejor de nosotros, y la compasión y la generosidad comienzan a fluir. Así que la próxima vez que alguien te moleste, te frustre, te enoja o te ignore, respira hondo y recuerda que está librando su propia y dura batalla. Permite que la grandeza de tu humanidad surja dentro de ti, y actúa con suave compasión.

Esta fue una de las lecciones que aprendí durante esta época de agitación en mi propia vida. Es un error quedar completamente absorbido por nuestros propios problemas. Cuando nos aislamos, no nos aislamos de los problemas, sino de las soluciones.

Hermosa bondad.

Fueron las personas las que finalmente me sacaron de mi tristeza. No fue nada de lo que escribí en mi diario, no fue un gran pensamiento, y no fue algo que hice. Fue la gente.

Escribí esto en mi diario: «Ella fue tan amable conmigo. Yo estaba herido, muy herido y sufriendo, y su amabilidad me calmó. Ni siquiera sabía que lo estaba haciendo. Su bondad era una parte tan natural de ella como lo eran sus ojos y sus manos. Su hermosa bondad me sacó de mi tristeza».

Pero también hubo otros. Amigos y familiares, perfectos desconocidos, gente que conocía desde siempre y gente que acababa de conocer, cada uno a su manera regalándome una hermosa bondad.

Un día estaba acostado en el sofá de mi estudio, aturdida, sin poder moverme, presa de una tristeza debilitante. Lo siguiente que supe fue que mi hijo Harry se subió al sofá y se acurrucó contra mí. Yo lo abracé, pero quizás él me estaba abrazando a mí. Creo que fue lo segundo. No dijo ni una palabra. No lo necesitaba. De alguna manera, lo sabía. En diez o quince minutos, me había sacado sin esfuerzo de esa tristeza. Él también lo sabía. Me besó el costado de la cara, se bajó del sofá y desapareció tan repentinamente como había llegado.

Toda la amabilidad era a la vez aleatoria y coordinada. Cada persona estaba haciendo lo que se sentía llamada a hacer. Cada acto parecía aleatorio. Pero el Médico Divino estaba coordinando cada bondad para sanar mi alma y restaurar mi esperanza. Era un programa de bondad que Dios había diseñado solo para mí.

Llegó el día en que fui consciente de que, debido a mis esfuerzos desesperados por sobrevivir, había descuidado mi propia capacidad de bondad. Es una de las más deliciosas paradojas de la vida: mientras más alegría proporcionamos a los demás, más se expande nuestra propia alegría.

La grandeza y la belleza del espíritu humano son innegables en la bondad. La bondad es hermosa, ya sea la consideración de un acto de bondad al azar o la bondad heroica que implica un gran sacrificio personal. Examina los momentos más devastadores y desagradables de la historia de la humanidad y encontrarás una bondad heroica. La grandeza del espíritu humano suele brillar más cuando el mundo está más oscuro.

La Gran Depresión unió a los vecinos. Se cuidaban unos a otros, a menudo privándose a sí mismos para que los hijos de sus vecinos tuvieran suficiente comida. Compartir la comida con los demás es un acto de generosidad si uno tiene suficiente para comer; pero es un acto de heroísmo pasar hambre para que otro pueda comer.

La Segunda Guerra Mundial fue uno de los acontecimientos más terribles de la historia. Murieron 85 millones de personas. Cincuenta y siete millones por actividades directamente relacionadas con la guerra, y otros veintiocho millones murieron por enfermedades y hambre relacionadas con la guerra. Sin embargo, en medio de esta intensa maldad, la gente corriente se desvivía y arriesgaba su vida con su bondad. Miles de personas arriesgaron sus propias vidas para esconder a los judíos de los nazis. En el proceso, les recordaron a estas personas, que estaban siendo cazadas como animales, que no se había perdido toda la humanidad.

La experiencia de Viktor Frankl sobre la cultura dentro de los campos de concentración proporciona una visión significativa. Se dio cuenta de que había algunos guardias nazis que mostraban amabilidad con los prisioneros, mientras que había algunos prisioneros que explotaban a sus compañeros para su beneficio personal. Lo más significativo es que descubrió que la amabilidad ayudaba a la gente a vivir más tiempo. Los prisioneros que se centraban en sí mismos y caían en la autocompasión tenían muchas más probabilidades de suicidarse o morir de hambre, incluso si recibían las mismas raciones de alimentos.

Más allá de los actos cotidianos de bondad, también hubo actos heroicos de bondad. Una mañana en Auschwitz, después de que un prisionero se escapara, los guardias decidieron asesinar a diez prisioneros para disuadir a otros que intentaran escapar. Uno de los hombres seleccionados gritó: «¡Mi mujer! Mis hijos». Era una súplica desesperada ante la inhumanidad brutal. A los guardias no les importó. Pero a uno de los compañeros de prisión del hombre sí le importó. «Yo ocuparé su lugar», anunció. Miró directamente a la cara de la brutalidad nazi y ofreció un momento épico de bondad. Frente a la fría indiferencia, fue un momento de amor resplandeciente. Su nombre era Maximiliano Kolbe.

También vemos la enormidad del corazón humano cada vez que hay un desastre natural. La ayuda y el socorro llegan de todo el mundo. Dondequiera que haya sufrimiento y dolor, causados por el mal o por circunstancias como una catástrofe natural, siempre hay personas que hacen su parte, por pequeña que sea, para aportar bondad a la situación. Se niegan a dejar que lo que no pueden hacer interfiera con lo que sí pueden hacer.

En un mundo que puede ser frío, duro, violento y, a veces, brutal, la bondad demuestra que nuestra humanidad tiene un lado mejor, un lado que se preocupa y es amable, un lado que puede elevarse por encima de casi todo.

La bondad es una de las expresiones más bellas de nuestra humanidad. La bondad cotidiana, los actos de bondad al azar y los momentos heroicos de bondad destierran el miedo, alivian el dolor, reavivan la esperanza y restauran nuestra fe en la humanidad. Hay momentos en nuestra vida en los que necesitamos desesperadamente sentir el toque de la bondad. Y hay veces que lo que más necesitamos es extender esta hermosa bondad a otro.

El poder de la bondad es innegable. Es uno de tus superpoderes. Libéralo en tu vida y observa el efecto dominó de bondad que desencadena a tu alrededor y dentro de ti. En la oscuridad, descubrí que incluso cuando estamos paralizados por el dolor, seguimos siendo capaces de amar, de ser buenos, de ser generosos y de la hermosa bondad que nos recuerda a todos lo que significa ser humano.

Las rosas y las personas.

«Cuando la gente te muestra quiénes son, créeles la primera vez», fue la observación de Maya Angelou. Estoy de acuerdo, y no estoy de acuerdo. Si alguien hace algo horrible, no esperas a que lo vuelva a hacer. Pero existe el peligro de que nos apresuremos a excluir a la gente de nuestras vidas.

Me parece útil distinguir entre eventos y patrones. Si alguien hace algo una vez, es un acontecimiento. Si una persona hace lo mismo dos o tres veces, se convierte en un patrón. Aprender a reconocer los patrones de comportamiento de las personas es esencial en las relaciones, y no solo los patrones de otras personas, sino los nuestros propios. ¿Cuáles son tus patrones de comportamiento? ¿Buenos y malos?

Hay patrones buenos y malos en cada vida. Es importante ser consciente de ello. El comportamiento compulsivo, el comportamiento impulsivo, la adicción y el abuso físico y emocional son patrones negativos que pueden tener efectos desastrosos. Pero también hay un sinfín de patrones positivos que enriquecen la vida de una persona, y la de todos sus allegados. El respeto, el aprendizaje continuo, el ejercicio, una dieta equilibrada, el trabajo duro, el amor, la consideración y el aprecio son solo algunos de ellos.

Revelamos quiénes somos con nuestras acciones. No dejes que las disculpas de alguien te cieguen a sus acciones, especialmente cuando sus acciones son claramente un patrón. Ten cuidado con los patrones. Cuando veas señales y banderas rojas, no las ignores. Las personas te dicen constantemente quiénes son con sus acciones. Puede que sea el momento de empezar a escuchar con más atención.

Hay tres cosas que sé sobre las rosas: son hermosas. Todas tienen espinas. Prefiero vivir en un mundo con rosas que en un mundo sin rosas. Hay tres cosas que sé sobre las personas: Son hermosas. Todas tienen espinas. Prefiero vivir en un mundo con gente que en un mundo sin gente.

Llorar la vida que podría haber sido.

Para abrazar la vida inesperada, tenemos que llorar la vida que podría haber sido. Quizá un sueño no se hizo realidad. Tal vez murió alguien a quien querías. Tal vez tuviste un accidente, fuiste engañado y manipulado por alguien en quien confiabas, o te han roto el corazón. Sea cual sea la causa, la vida que esperabas y anhelabas vivir se ha ido, y todo lo que queda es la vida inesperada.

El duelo es solo una parte del proceso de curación. Las cinco etapas del duelo son: negación, ira, negociación, depresión y aceptación. Es un proceso muy limpio y ordenado, ¿verdad? La realidad, por supuesto, es que la vida es complicada, y somos íntimamente conscientes de ello cuando estamos de duelo.

El proceso de duelo por la vida que podría haber sido no termina. Disminuye con el tiempo y requiere menos energía emocional y psicológica, pero el más mínimo recordatorio de lo que has perdido puede ponerte de nuevo en esa situación.

Cuando sufrimos un trauma o una pérdida, nos quedamos aturdidos y podemos adormecernos. Una vez pasado el impacto inicial, podemos experimentar estrés, desorientación, ira, ansiedad y depresión. También podemos caer en la autoculpabilización. Todos adoptamos diversos mecanismos de afrontamiento, algunos saludables y otros no. Podemos pensar y decir cosas como: «Solo quiero seguir adelante» o «Estoy listo para dejar todo esto atrás». Pero no puedes pasar página sin más. Tienes que enfrentarte a ello. Las heridas físicas empeoran y pueden convertirse en una amenaza para la vida si las ignoras. Las heridas emocionales responden exactamente igual. También lo hacen las heridas psicológicas y espirituales. Si no te ocupas de tu herida, empezará a supurar, causando malestar al principio, luego dolor, y finalmente llevará a la distorsión de tu personalidad.

Y no puedes dejar todo atrás. Es parte de lo que eres ahora. Lo absorberás en tu vida y lo procesarás de forma sana o insana. Puede que seas capaz de controlar tus emociones durante un tiempo, pero el duelo afecta a toda la persona: física, emocional, intelectual y espiritualmente.

No ignores el hecho de que has sido herido. Puede que otra persona te haya hecho daño o que te hayas hecho daño a ti mismo. Sea cual sea el caso, reconoce el dolor y el sufrimiento que te han causado.

Puede que no quieras parecer vulnerable y débil. Nunca deberíamos querer parecer otra cosa que lo que somos. Cuando tomamos decisiones basadas en cómo queremos parecer, tomamos malas decisiones.

Cuando nos ocurren cosas horribles, queremos creer que hay una forma adecuada de afrontar la experiencia, de procesarla, de sanar de ella. Quizá la haya y quizá no. Una cosa es segura y es esta: es un desastre.

Llora la vida que podría haber sido si tu sueño se hubiera hecho realidad, si tu bebé no hubiera muerto, si no te hubieran traicionado, si tu cónyuge no se hubiera divorciado de ti, si no hubieras cometido un error tan devastador, si no hubieras enfermado. Haz el duelo de esa vida. Es un requisito previo para descubrir las exquisitas posibilidades que aún quedan por delante.

El pasado.

En los momentos de agitación, podemos sentirnos como si fuéramos arrastrados en dos direcciones, hacia el pasado y hacia el futuro.

No temas al pasado. Tú no eres lo que te ha pasado. No eres lo que has logrado. Ni siquiera eres lo que eres hoy, o en lo que te has convertido hasta ahora. También eres quien y lo que todavía eres capaz de llegar a ser. Eres tu potencial realizado y no realizado. Dios te ve a ti y a todo tu potencial, y le duele verte abrazar tu mejor y más verdadero yo. Anhela ayudarte y acompañarte en esa búsqueda.

No dejes que tu pasado te defina. Puede ser útil mirar por el espejo retrovisor de vez en cuando, pero si mantienes la mirada allí durante demasiado tiempo te estrellarás.

Deja que el pasado te sirva. No permitas que te robe el ahora. No dejes que te robe el futuro. Profundiza en él de vez en cuando para aprender más sobre ti mismo, pero evita quedarte ahí demasiado tiempo. Si sientes que te estás quedando en el pasado de una manera poco saludable, pregúntate cómo me está sirviendo esto.

La suerte es un factor.

Cuando yo estaba más joven, cada vez que se mencionaba la suerte, sentía aversión por ella. Decía: «La suerte es un estado mental autoinfligido». Y me lo creía. Aún lo creo. Pensaba que el éxito en cualquier cosa era el resultado del trabajo duro, la persistencia, el valor y otras cosas que estaban bajo mi control. La vida me ha enseñado lo contrario.

Algunos acontecimientos y resultados de la vida, quizá incluso la mayoría, pueden atribuirse a influencias internas, como las decisiones que tomamos y lo mucho que trabajamos. Pero hay otros resultados y acontecimientos en la vida que pueden atribuirse claramente a influencias externas, como un desastre natural o las decisiones de otra persona. Son estas fuerzas externas, impredecibles, inestables e incontrolables las que pueden asestar golpes demoledores.

No nos gusta pensar en la suerte como un factor. Va en contra de nuestra ilusión de control.

¿Qué es la suerte? Utilizamos palabras y suponemos que sabemos lo que significan, pero cada uno las define a su manera. En general, se considera que la suerte es un resultado provocado por el azar y no por las propias acciones y esfuerzos. Pero nada es tan claro ni tan limpio. La vida es complicada, como hemos descubierto. La falsa suposición es que los resultados son el resultado de una u otra cosa. La realidad es que suelen ser una combinación de ambos. Incluso cuando otra persona hace una elección horrible y sufrimos las consecuencias, muy a menudo hemos elegido tener a esa persona en nuestras vidas.

Trabajé mucho en mi oficio cuando era más joven, pero también lo hacen muchos otros escritores. Cuando tenía veintidós años, una autora a quien no conocía insistió en que su agente viniera a escucharme. Después del evento, me presentaron a un agente de una de las mayores agencias literarias del mundo. La agencia William Morris me abría las puertas de todas las grandes editoriales. Me llevaron literalmente de una editorial a otra presentándome a mí y a mi obra.

¿Fue suerte? ¿El azar? ¿El destino? ¿La providencia divina? ¿La respuesta inevitable a todo mi esfuerzo? ¿Qué papel ha jugado mi talento? ¿Y qué mérito puedo atribuirme por mi éxito? Un poco, pero no todo. ¿Por qué esa autora decidió hacer lo que hizo? ¿Cómo habría sido mi vida diferente si ella no lo hubiera hecho? No lo sé. No puedo saberlo. Nunca lo sabré.

La suerte es un factor, pero cuánto, es un misterio. Existe la posibilidad de estar en el lugar adecuado en el momento adecuado, y en el lugar equivocado en el momento equivocado. Y sé que mientras más trabajas, más suerte y éxito atraes. Tal vez la suerte sea una de esas cosas en las que es peligroso pensar demasiado, pero que no es prudente ignorar del todo.

He vivido una vida afortunada. ¿Ha sido fácil? No. ¿He sufrido? Sí. ¿He tenido buena y mala suerte? Sí. ¿Mi vida afortunada es el resultado de mi trabajo duro? No.

Sí, he trabajado mucho. He trabajado duro para mejorar mi escritura. He trabajado duro para crecer espiritualmente y desarrollar mi carácter. He ahorrado e invertido diligentemente algunos de los frutos de mi trabajo. Me he dedicado a mis relaciones primarias. He trabajado duro para ayudar a los demás y hacer una contribución a la sociedad. He trabajado duro, pero también he tenido suerte.

A veces, cuando digo que he tenido suerte, mis amigos me dicen: «No es suerte. Has sido bendecido». He sido bendecido, es cierto, pero también he tenido suerte. La razón por la que no puedo incluir toda mi buena fortuna y mi éxito en la categoría de bendiciones es porque hacerlo sería acusar a Dios de tener favoritos. Y no creo que Dios tenga favoritos.

Si hubiera nacido en Sudán, habría vivido una vida muy diferente. Si mis padres fueran chinos, nunca habría nacido. Mi madre se habría visto obligada a abortar por su política de hijo único. Nací en una nación de libertad y derechos. Me educaron y me dieron todas las oportunidades para triunfar en todos los aspectos de la vida. Y, por encima de todo, he sido amado, apoyado y alentado por más personas que la mayoría.

He sido bendecido. Es cierto. No lo niego. He visto la mano de Dios actuar en mi vida. Pero también he tenido suerte, y estoy inmensamente agradecido por ambas cosas.

La vida es un misterio y habrá cosas que nunca entenderemos en esta vida. Podemos simplificarlas en exceso para satisfacer nuestro deseo de saber, pero al hacerlo, solo nos engañamos a nosotros mismos y creamos ilusiones que con el tiempo tendrán que ser dolorosamente desmontadas. O podemos aprender a disfrutar del misterio.

Si no podemos aprender a sentirnos cómodos con la incertidumbre, no podremos aprender a vivir en medio del desorden. Aprender a vivir con el no saber es esencial si queremos crecer en sabiduría.

La siguiente es una historia que escuché por primera vez hace treinta años. En aquel momento no le presté mucha atención, pero con el tiempo, el respeto que el viejo granjero siente por el misterio, y su desapego por los resultados, me han intrigado cada vez más.

Había una vez un granjero. Tenía el mejor semental de la región y la gente de su pueblo lo consideraba muy afortunado por tenerlo. Un día el semental se escapó a las montañas y se unió a una manada de caballos salvajes. Los vecinos del granjero se reunieron y comentaron: «Muy mala suerte». El granjero dijo: «Buena suerte, mala suerte, ¿quién sabe?».

Unos días después, el semental regresó con la manada de caballos salvajes. Los vecinos se reunieron y comentaron: «Muy buena suerte». El granjero dijo: «Buena suerte, mala suerte, ¿quién sabe?».

Una semana después, el hijo del granjero estaba tratando de domar a uno de los caballos salvajes cuando esté lo derribó y el hombre se rompió la pierna. Los vecinos se reunieron alrededor y comentaron: «Muy mala suerte». El granjero dijo: «Buena suerte, mala suerte, ¿quién sabe?».

Varias semanas después, el ejército llegó a la ciudad para reclutar a todos los hombres sanos para que se unieran al ejército y combatieran. Al entrar a la casa del granjero, vieron la pierna rota del chico y lo dejaron solo. Los vecinos se reunieron alrededor y comentaron: «Muy buena suerte». El granjero dijo: «Buena suerte, mala suerte, ¿quién sabe?».

Queremos creer que escribimos nuestras propias historias de vida, y de muchas maneras lo hacemos, pero también hay otros factores y fuerzas en juego. Algunas son conocidas y otras son desconocidas, algunas que se pueden entender y otras que son misterios.

Desatascarse.

Cuando experimentas un revés en la vida, una decepción o un desamor, es fácil quedarse estancado en la rutina. Cuando nuestro corazón está apesadumbrado, es difícil seguir adelante.

Cuando un auto se atasca en el barro, nuestro instinto es

acelerar en un intento desesperado por liberarnos. Estos intentos son inútiles. El barro vuela por todas partes, el auto se hunde más profundamente en el barro y terminamos con un desastre más grande del que teníamos al principio.

Todos nos atascamos de vez en cuando. A veces nos lo hacemos a nosotros mismos, a veces alguien más hace algo para causarlo y, a veces, las circunstancias conspiran en nuestra contra. Y a veces nos atascamos porque atascados es exactamente donde debemos estar para hacer una pausa y reflexionar sobre la vida.

La pregunta es qué hacer cuando nos encontramos estancados. Albert Einstein observó: «No podemos resolver problemas utilizando el mismo pensamiento que usamos cuando los creamos».

Necesitamos un nuevo nivel de conciencia para desatascarnos. Es una de las cosas más difíciles de lograr en la vida. Luchamos por el conocimiento y la educación, pero más allá de esto, aguardamos la sabiduría y la conciencia. Lo más difícil de hacer en esta vida es hacer consciente al inconsciente.

Desde el primer piso de cualquiera de los edificios que rodean al Central Park es difícil distinguirlo de cualquier otro parque. Sube al décimo piso y comienzas a ver su alcance y magnitud. Se ve casi completamente diferente desde ese punto de vista. Ve al piso veintiuno y de nuevo se ve diferente. Pero no lo es. No ha cambiado, tu conciencia ha cambiado. Ve al piso treinta y cinco y apreciarás aún más este espectacular espacio verde en medio de la zona urbana más densamente poblada de los Estados Unidos. Vuela en helicóptero sobre el parque y volverás a adquirir nuevas percepciones.

¿Qué te va a ayudar a desatascarte? ¿Qué te va a dar una nueva perspectiva y elevar tu conciencia? La lectura. Los paseos largos. Los nuevos amigos. Los viejos amigos. Orar. La reflexión. La meditación.

¿Qué es lo que te impedirá desatascarte? Una cosa por encima de todo: la vergüenza. Cuidado con la vergüenza. La vergüenza nos permite quedarnos atascados. Soportar la vergüenza es como enamorarse de estar atascado.

Está bien sentirse atascado. Está bien estar atascado. Solo recuerda que no fuiste creado para estar atascado, fuiste creado para crecer. Descansa un poco, haz algunas siestas, llora un poco, o mucho, pero luego escucha la vida que late en tu cuerpo. Escucharás que ha llegado el momento, una vez más, de caminar, de cantar, de reír, de bailar, de vivir.

Increíble.

Todos los que se preocupan por ti quieren que florezcas. Alguien que está floreciendo está lleno de vitalidad. Yo no lo estaba. Es imposible que alguien que está floreciendo lo oculte. Hay un brillo y una energía crudos que emanan de alguien que está floreciendo, y es innegable. Y lo que ocurre con el florecimiento es que no puedes hacerlo solo y no puedes hacerlo por ti mismo. Puedes ponerte en situaciones en las que es más probable que ocurra, pero no puedes hacer que ocurra.

El florecimiento va más allá de la felicidad. Se produce no solo por las elecciones y acciones de una persona, sino también por un entorno propicio diseñado específicamente para conseguirlo.

El florecimiento humano es algo hermoso. La mayoría de nosotros lo hemos experimentado en algún momento de nuestras vidas. Tal vez floreciste en matemáticas en tu adolescencia, en el fútbol en la universidad o en el tercer trabajo a tiempo completo que tuviste. Lo interesante es que tal vez hayas tenido problemas en todas las demás asignaturas, pero en las matemáticas, las cosas simplemente encajaron. Puede que hayas tenido problemas en todas las demás áreas de tu vida, pero en el fútbol o en ese trabajo en particular, todo parecía encajar.

¿Qué era diferente? ¿Qué experimentabas en esas situaciones que faltaba en otros aspectos de tu vida? Lo más probable es que hayas recibido un respaldo, un apoyo, un reto y un estímulo únicos. Podría haber sido un profesor, un entrenador o un directivo. Pero también podría haber sido un grupo de estudio, compañeros de equipo o de trabajo. Y podría haber sido una combinación de cualquiera de ellos o de todos. La cuestión es la siguiente: el florecimiento requiere un entorno que sea especialmente enriquecedor. No es algo que puedas hacer por ti mismo, pero es algo a lo que podemos contribuir los unos con los otros.

Un jugador de fútbol profesional es fichado por un equipo tan pronto sale de la universidad. Todos los que lo conocen están llenos de grandes esperanzas. En la NFL parece un jugador completamente diferente a cuando estaba en la universidad. Hace malas jugadas, pierde balones sueltos y parece estar constantemente en el lugar equivocado en el momento equivocado. ¿Qué ha pasado? Lo cambian a otro equipo después de unas pocas temporadas y de nuevo parece un jugador completamente diferente, pero esta vez para mejor, está ganando partidos y rompiendo récords. ¿Qué ha pasado? Podrían ser muchas cosas, pero ¿qué es lo más probable que haya causado resultados tan radicalmente diferentes? El entorno. Para prosperar se necesita un entorno que lo nutra de forma única.

Florecimiento humano. ¿No es eso lo que realmente queremos? ¿Para nosotros, para nuestros hijos, para nuestros amigos y nuestro cónyuge? ¿Y no quieren los hombres y mujeres de buena voluntad esto para todos, incluso para las personas que no conocen y que nunca conocerán? Pero ¿qué se establece en la sociedad con el objetivo específico del florecimiento humano? ¿Su relación principal, su familia, su grupo social, la escuela, la iglesia, el lugar de trabajo o el vecindario brindan un ambiente que es especialmente enriquecedor? Para muchas personas, la respuesta es no.

Yo no estaba prosperando. Lo sabía, pero estaba tan concentrado en sobrevivir que la idea de florecer se sentía como una fantasía imposible.

Cuando has sido traumatizado por la vida, es natural y saludable pasar por un período de intensa sanación y duelo. Y aunque esos procesos continuarán durante años, disminuyendo, llega el momento de volver a los rigores de la vida. Llega el momento de mirar al horizonte y establecer el rumbo hacia la siguiente fase de la vida. Saber cuándo comenzar esta próxima fase puede ser un desafío. Pero Dios generalmente envía un mensajero.

Fue por esta época cuando tuve una experiencia extraordinaria. Acababa de terminar una conferencia de negocios en Palm Beach, Florida, y mientras caminaba desde el podio, se me acercó un hombre que quería hablar conmigo. Estaba con un buen amigo mío, así que le sugerí que fuéramos detrás del escenario y nos sentáramos.

«¿Cuándo fue la última vez que te sentiste increíble?», preguntó el extraño tan pronto como me senté.

«¿Qué quieres decir?», respondí mientras recuperaba mi equilibrio psicológico. La pregunta me había inquietado. Era como si él supiera algo sobre mí que yo estaba tratando con todas mis fuerzas de no dejar que nadie viera en público.

«Bueno, lo que más me gusta de tus libros son las preguntas que haces, y esa es mi pregunta favorita de todos tus libros».

Sonreí, respiré hondo y me relajé un poco. En realidad, no me estaba preguntando cuándo me sentí increíble por última vez, aunque mi mente inmediatamente comenzó a procesar la pregunta y había pasado un tiempo.

«Todos los días les envío por correo electrónico a todos mis clientes una pregunta de uno de tus libros», continuó el hombre. «Les encantan. Siempre que hablo con un cliente, siempre terminamos hablando de tus preguntas más que de negocios. De todos modos, solo quería darte las gracias».

Se puso de pie, me estrechó la mano y desapareció.

Ese encuentro fue como una sacudida directamente del cielo. Fue deslumbrante. Sentí como si alguien me hubiera golpeado en el pecho para resucitarme. Me sacó de la mezcla del letargo, autocompasión y tristeza en la que estaba atrapado.

¿Cuándo fue la última vez que me sentí realmente increíble? Ha pasado un tiempo. Claro, ha habido momentos, aquí y allá, pero estaba buscando el último período sostenido de asombro y era preocupante hasta dónde tenía que llegar para encontrarlo.

Había razones y excusas, pero en el fondo sabía que era hora de hacer algo al respecto. Hay un tiempo para sembrar y un tiempo para cosechar, un tiempo para llorar y un tiempo para reír, un tiempo para llorar y un tiempo para bailar. Era el momento de volver a bailar con la vida.

Las siguientes semanas fueron un vaivén entre la esperanza y la duda. Después de las temporadas más difíciles de nuestras vidas, nuestros corazones se preguntan naturalmente si alguna vez volveremos a sentirnos increíbles. ¿Es siquiera posible? Es posible, pero nuestros corazones heridos son comprensiblemente vacilantes.

Entonces, déjame preguntarte, ¿qué tendría que pasar para que te sintieras increíble?

Es hora de prosperar. No puedes hacerlo solo. Necesitas

un entorno que sea de apoyo único. Eso incluye a las personas, la comida, el sueño, el ejercicio, la oración y la reflexión, alimentar tu mente con ideas saludables y eliminar la toxicidad de tu entorno. Y no lo olvides: todos los que realmente se preocupan por ti quieren que prosperes.

Un nuevo camino.

Cualquier tonto puede complicar algo. Esto es evidentemente cierto cuando se trata de nuestras propias vidas. Con demasiada frecuencia nos hacemos los tontos. Tenemos una asombrosa habilidad para complicar nuestras vidas de maneras que vacían la alegría de nuestros días.

Ser genial consiste en tomar algo complejo y simplificarlo. La poeta Portia Nelson lo hizo de manera brillante en su *Autobiografía en cinco capítulos cortos*. En 150 palabras, ella ofrece una penetrante visión del viaje de la vida. Puede que haya escrito el poema sobre su vida, pero encuentro que captura la esencia de la mía. Puedes decidir por ti mismo lo que dice sobre tu vida.

Autobiografía en cinco capítulos cortos

I

Camino por la calle.
Hay un agujero profundo en la acera.
Me caigo.
Estoy perdida… Soy impotente.
No es culpa mía.

Me toma una eternidad encontrar una salida.

II

Camino por la misma calle.

Hay un agujero profundo en la acera.

Finjo que no lo veo.

Caigo de nuevo.

No puedo creer que esté en el mismo lugar

pero no es mi culpa.

Todavía se necesita mucho tiempo para salir.

III

Camino por la misma calle.

Hay un agujero profundo en la acera.

Veo que está ahí.

Me vuelvo a caer… Es un hábito.

Mis ojos están abiertos

Sé dónde estoy.

Es mi culpa.

Salgo de inmediato.

IV

Camino por la misma calle.

Hay un agujero profundo en la acera.

Lo esquivo.

V

Camino por otra calle.

¿Estás listo para caminar por otra calle? ¿Estás en un agujero profundo? ¿Estás harto de caer en el mismo agujero profundo? Yo lo estoy. Estoy listo para caminar por otra calle. Si la autobiografía del poema de Portia resuena contigo, quizá también estás listo para caminar por otra calle. Este libro trata de encontrar esa otra calle por la cual caminar.

Hay momentos en nuestras vidas en los que necesitamos modificar las cosas. Portia describe eso en los capítulos dos, tres y cuatro de su poema. Hay otros momentos en la vida en los que necesitamos un cambio decisivo y radical. Eso es lo que ella captura brillantemente en cuatro hermosas palabras ordinarias: «Camino por otra calle». Observa la simplicidad de esto en comparación con la vida complicada que había estado viviendo antes.

Uno de los errores más peligrosos de la vida es ignorar los momentos que nos invitan a caminar por otra calle. Aún así, se necesita una gran conciencia y coraje para adoptar una nueva dirección en nuestras vidas. Es tan fácil caminar sonámbulo por la vida. Es tan fácil seguir caminando por la misma calle, tan fácil seguir cayendo en el mismo agujero, y demasiado fácil adoptar la postura de la víctima y culpar a alguien más.

La vida puede tenerte en un agujero. Quizá te lo hiciste a ti mismo. Quizá alguien más te empujó. Quizá simplemente sucedió. Es hora de salir de ese agujero y encontrar un nuevo camino.

El misterio de ti.

¿Estás preparado para tu nuevo camino? Tal vez lo estés y tal vez no. Tal vez sepas cuál es o tal vez el camino a seguir aún no esté claro. Sea cual sea el camino que estés llamado a seguir, sea lo que sea lo que sientas que tienes que hacer y llegar a ser, el secreto del éxito es sumergirte en el misterio de ti.

Durante miles de años, la humanidad ha estado obsesionada con viajar a todos los rincones de la tierra y explorar todas las maravillas imaginables, y sin embargo seguimos ignorando, e incluso descuidando, la maravilla del yo.

Todo lo experimentas a través del misterio del *yo*. Todo. No algunas cosas o la mayoría de ellas, ¡sino todo! Tu capacidad para experimentar cualquier cosa en la vida depende de lo bien que te conozcas a *ti mismo* y de lo mucho que florezcas.

Cuando estás floreciendo tienes más energía, y mientras más energía tienes más se expande tu capacidad para la vida. Sí, la capacidad de vivir. No es poca cosa. Mucha gente está viva, pero la capacidad de vida de cada persona varía. Hay muchas cosas que determinan nuestra capacidad para la vida: la educación, la inteligencia emocional, el apoyo de la familia y los amigos, y las actividades estimulantes, por nombrar algunas. Pero la energía es lo más importante. Tu capacidad para la vida se expande o se contrae literalmente en función de la energía que tengas en un día determinado y en un momento dado.

¿Cuándo fue la última vez que tuviste la oportunidad de

hacer algo pero simplemente no tenías energía? Podría haber sido ir a dar un paseo en bicicleta con los amigos o explicar pacientemente algo a tu hijo. Pero no tenías energía. Así que dejaste de lado el paseo en bicicleta y, en lugar de enseñar a tu hijo a hacer algo, lo hiciste por él.

¿Qué ocurrió? Has experimentado que tu capacidad vital está limitada por tu falta de energía.

Es hora de florecer y para ello necesitas investigar el misterio de ti. Explórate con valentía. Sumérgete en las profundidades de tu misterio personal.

A través de esta expedición redescubrirás la alegría de vivir, el valor de las dificultades, lo inexplicable del dolor y el sufrimiento, lo indispensable del amor, la felicidad inesperada e inmerecida, y el Dios en el que vivimos, nos movemos y tenemos nuestro ser. Al redescubrir todo esto, volverás a las rutinas y rituales de la vida cotidiana con una claridad poco común y un entusiasmo renovado.

Eres un misterio que vale la pena explorar.

Siempre me sorprende que la gente recorra grandes distancias para ver las maravillas de este mundo, mientras que todo el tiempo, la maravilla del yo pasa desapercibida, no se aprecia, no se explora y no se desarrolla. Es hora de cambiar eso.

La obligación olvidada.

Tenemos tantos compromisos y tantas obligaciones. Algunas de ellas son reales, pero muchas otras son imaginadas. Y en medio de todo eso, a menudo olvidamos la obligación que tenemos con nosotros mismos.

Tienes una obligación contigo mismo. Tiene sentido cuando lo piensas, y aún así, te sientes incómodo con ello. Para cumplir con esta obligación, tienes que aprender a ponerte a ti mismo en primer lugar, no todo el tiempo ni de forma egoísta, pero sí de tanto en tanto.

Tienes una obligación contigo mismo en primer lugar. Una obligación es algo que estás moral o legalmente obligado a hacer. Estás moralmente obligado a atenderte a ti mismo. Estás moralmente obligado a ponerte en primer lugar a veces, a cuidar de ti mismo, a asegurarte de que tus necesidades se satisfagan de una manera que te permita prosperar, para que puedas vivir y servir poderosamente. Es una obligación moral que a menudo descuidamos. Y lo que es más trágico, es una obligación de la que rara vez nos sentimos culpables cuando la ignoramos.

Cómo te tratas a ti mismo es más importante que cómo te tratan los demás. Si no estás dispuesto a honrar la maravillosa creación que Dios hizo de ti, es poco probable que exijas el respeto que mereces de los demás. Para prosperar como ser humano, tienes que aprender a ponerte a ti mismo en primer lugar. Antes de ser madre, padre, esposo, esposa, hermano, hermana, hijo, hija, novio, novia, vecino, colega, eres primero una persona. Primero eres un individuo único y maravilloso.

Nos ponemos a nosotros mismos en primer lugar reconociendo nuestras necesidades legítimas y atendiéndolas, animándonos, silenciando nuestro crítico interior, siguiendo nuestras pasiones, cuidando nuestra salud, siendo conscientes de nuestros puntos fuertes y talentos, y siendo amables con nosotros mismos.

Tenemos que aprender nuevas formas de ponernos en primer lugar que nos lleven a florecer. El mundo nos anima a ponernos en primer lugar de todas las maneras equivocadas. Cada mañana, cuando te despiertes, recuerda tu obligación contigo mismo. Esta es la obligación olvidada.

Una pregunta íntima.

Los momentos más oscuros de nuestra vida tienen una forma de hacer aflorar preguntas importantes. El dolor y el sufrimiento exigen nuestra atención y pueden dirigirla hacia áreas de nuestra vida que necesitan un ajuste. El dolor hace preguntas, al igual que el sufrimiento.

Hay preguntas que merecen una reflexión periódica, pero las presiones de la vida cotidiana a menudo nos distraen. Algunas preguntas son más íntimas que otras, y mientras más íntima es la pregunta, es más probable que la evitemos. Podemos evitar las preguntas más importantes de la vida durante mucho tiempo, pero solo a un costo considerable para nuestro progreso, felicidad y salud espiritual.

La pregunta que la vida suscitó en mi alma en ese momento era una pregunta muy íntima: ¿te gusta aquello en lo que te estás convirtiendo? En el fondo de mi desesperación, comprendí que no.

Cuando descubres que no te gusta la persona en la que te estás convirtiendo, tienes que hacer un examen de conciencia. Era el momento de ir hacia adentro. Sí, yo había sufrido algunas traiciones crueles, incluso horribles, pero no hay excusa para permitir que estos eventos me cambien de la manera en que lo hice. Nuestras vidas cambian de adentro hacia afuera. Es fácil centrarse en lo externo, pero lo más importante es lo que hay adentro.

Haz un inventario.

Lo más valiente que he presenciado fue a un amigo que hizo un inventario personal de toda su vida. Había luchado con el alcohol desde que estaba en la escuela secundaria; la vida lo había hundido, y por alguna gracia había decidido buscar ayuda. El cuarto paso de los doce pasos de Alcohólicos Anónimos dice: *Hacemos un inventario moral inquisitivo y sin miedo de nosotros mismos.*

Un inventario moral es una evaluación objetiva por escrito de tu vida, que incluye defectos de carácter, puntos fuertes y débiles, y una mirada clara al daño que has causado a lo largo de tu vida. Es una historia personal de todas nuestras transgresiones. Es una experiencia totalmente humillante que rompe nuestras ilusiones. A través de ella nos enfrentamos a las cosas que no queremos recordar, a las cosas que no queremos que nadie sepa de nosotros, a quiénes hemos herido y por qué les hicimos daño.

Hacer un inventario moral de toda nuestra vida, y escribirlo, nos obliga a enfrentarnos a cosas sobre nosotros mismos que convenientemente escondemos en lo más profundo de nuestros corazones y mentes. Pero si las dejamos ahí, se convierten en miedos y resentimientos que envenenan todo en nuestra vida, especialmente nuestras relaciones.

Un inventario personal es también una forma única de desarrollar el autoconocimiento. Es una experiencia que cambia la vida, y no es necesario ser un adicto para afrontar este reto. Si realmente quieres crecer espiritualmente, reserva unas horas tres domingos seguidos y siéntate a escribir un inventario morál de ti mismo, escrutador y sin miedo.

Las ilusiones y la realidad.

Las dificultades de la vida desafían nuestras suposiciones y borran nuestras ilusiones. Nuestras falsas suposiciones e ilusiones nos impiden crecer. Por eso hay que desecharlas. Podemos hacerlo nosotros mismos, pero si no, la vida los desechará por nosotros. Es preferible el procedimiento voluntario al involuntario.

Una ilusión es algo que hemos interpretado mal. Puede ser una idea falsa, una suposición errónea o una interpretación deformada. Una mujer rompe con su novio, o viceversa. Ella explica por qué. Pero ¿se conoce a sí misma lo suficientemente bien en ese momento como para explicarlo realmente? ¿Tiene el valor necesario? ¿Proporciona él el ambiente en esa relación para que ella se sienta cómoda siendo completamente honesta? Y aunque todo esto sea cierto, cada uno de ellos ha vivido la relación de forma diferente, basándose en experiencias pasadas, suposiciones verdaderas y falsas, y prioridades diferentes. Las posibilidades de que él malinterprete lo que ella está diciendo son enormes, y las posibilidades de que ella malinterprete su reacción a la ruptura también son significativas. Malinterpretamos mucho de lo que experimentamos.

Para ayudarnos a crecer, la realidad va cincelando nuestras ilusiones a través de las experiencias de la vida. Algunas ilusiones las abandonamos fácilmente cuando nos enfrentamos a la evidencia de la realidad. A otras nos aferraremos obstinadamente hasta nuestro último aliento. Si nos aferramos a nuestras ilusiones con suficiente rigor, pueden enfermarnos física y mentalmente.

Cuando salí a la carretera por primera vez, a los diecinueve años, era muy joven, más joven que mi edad en muchos aspectos y más viejo en otros. Había vivido una vida protegida. Me había criado con el amor de mis padres y había sido protegido por una comunidad que se preocupaba por mí. Al empezar, estaba lleno de entusiasmo, pero lamentablemente era ingenuo e inocente, e ignorante de lo desordenado que es el mundo.

Rápidamente descubrí que la gente, y el mundo, no eran como yo había imaginado. La realidad derribó mis ilusiones al principio, luego erosionó la siguiente capa, y todavía hoy sigue cincelando las ilusiones que me niego a dejar escapar. Este proceso te obliga a reconocer lo que es esencial, lo que es trivial y lo que es simplemente una preferencia personal.

Cuando damos prioridad a las preferencias personales y a lo trivial por encima de lo que es esencial y más importante, es cuando las ruedas empiezan a caerse de nuestras vidas.

La realidad siempre tratará de borrar nuestras ilusiones, pero es por nuestro propio bien. La forma en que respondemos cuando nos enfrentamos a la realidad suele diferenciar a los cuerdos de los locos, a los que prosperan de los que luchan y a los conscientes de los inconscientes.

Si nos negamos a abandonar nuestras ilusiones, nuestras posibilidades futuras se reducen. Y, por supuesto, las más difíciles de abandonar son las que se han alojado en lo más profundo de nuestro inconsciente. Estas son las ilusiones que se han convertido en una parte tan natural de nosotros que sugerir que nos separemos de ellas al principio se siente como una sugerencia de que nos cortemos nuestra propia pierna derecha.

Para hacer el viaje hacia adelante, tenemos que soltar gradualmente nuestras ilusiones y abrazar continuamente un poco más de realidad cada día.

La conversación más importante.

La conversación más importante que tienes cada día es contigo mismo. Regula la autoestima y establece tu propio sentido del yo. Aprovechar esta conversación para ayudarte a convertirte en la mejor versión de ti mismo es fundamental. Si permites que obre en tu contra, te llevará por una larga, lenta y constante colina hacia la autocompasión, la mediocridad y la tristeza.

Si necesitaras cambiar radicalmente tu vida y pudieras

cambiar solo una cosa, tu diálogo interior —la forma en que te hablas a ti mismo—, sería un candidato muy fuerte para ese cambio. Observa cómo te hablas a ti mismo en diversas situaciones cada día. Piensa en cómo esta forma de hablarte a ti mismo está afectando los resultados o perpetuando falsas suposiciones. Ajústalo cuando sea necesario.

Después de pasar tiempo con la gente o ver un programa de televisión, toma nota: ¿tu autoconversación es positiva o negativa? ¿Te hablas a ti mismo de una manera que te fortalece o que te debilita? La manera en que te hablas a ti mismo es mucho más impactante que la forma en que te hablan los demás. Una de las razones es que siempre nos creemos las cosas que nos decimos a nosotros mismos, incluso cuando nos equivocamos. Incluso cuando no son ciertas.

¿Cuántas mujeres hermosas y sanas se dicen a sí mismas que están gordas? ¿Cuántos hombres de éxito se dicen a sí mismos que no valen nada? Estas ilusiones y docenas de ellas son tan comunes que son clichés.

Elegir pasar tiempo con personas que te edifican, te aceptan y te quieren es un signo de salud e inteligencia emocional. Pero si no nos hablamos a nosotros mismos de manera que nos dé vida, no podremos recibir el amor, el ánimo y la aceptación que otras personas nos brindan.

Ten cuidado con la forma en que te hablas a ti mismo. Tus palabras tienen poder. Tal vez nunca seas capaz de comprender lo poderosas que son. Pero no desperdicies ese poder. Utilízalo sabiamente.

El camino a seguir.

Cuando el dolor, la oscuridad, la desgracia y el dolor tocan nuestras vidas, perdemos el equilibrio, tropezamos y caemos al suelo. Después de caer de bruces, nuestro instinto es hacernos un ovillo física o emocionalmente, o ambas cosas. Volver a levantarse puede ser insoportable. Incluso puede parecer imposible. Puede que necesitemos descansar y curarnos durante un tiempo, pero llegará el momento de levantarnos y continuar nuestro camino. En ese momento es crucial no permitir que el largo camino de vuelta nos abrume. Solo tenemos que centrarnos en dar el más mínimo paso adelante.

Hace muchos años, fui a Colorado con un grupo de amigos. El objetivo era subir a la cumbre del monte Elbert, el segundo pico más alto de los Estados Unidos. No estaba preparado y no fue hasta que llegué allí cuando descubrí que los demás habían estado entrenando. Habían programado la excursión para el día siguiente a nuestra llegada, lo que luego descubrí que no nos había dado tiempo suficiente para aclimatarnos a la altitud.

Salimos por la mañana, pero enseguida me quedé sin aliento y con dificultades. Me esforcé por seguir adelante. Pero a unos treinta metros de la cima me detuve y me senté en una roca. No podía seguir. Al menos eso es lo que me dijo mi mente, y yo le creí a mi mente. Eso es lo que hacemos. Le creemos a nuestra mente, pero a veces nos miente. No todo lo que tu mente te dice es verdad.

Me senté allí durante un rato. Un puñado de personas se cruzó conmigo. Eran agradables, pero me preguntaba qué estarían pensando. Entonces, uno de ellos se detuvo, se dio vuelta y me dijo: «Sabes, si sigues poniendo un pie delante del otro, llegarás». Era obvio, simple y brillante. Un pie delante del otro. Un paso a la vez. Eso fue literalmente todo lo que tuve que hacer para llegar a la cima. Es todo lo que tenemos que hacer en el trabajo, en nuestras relaciones, en la crianza de los hijos, en nuestra salud, finanzas y espiritualidad.

Pero nos abrumamos con los problemas del mañana, en lugar de centrarnos en las oportunidades de hoy. Miramos el largo viaje que tenemos por delante y nos abrumamos. Pero la parte actual de ese viaje no es abrumadora. Es suficiente, ni demasiado ni demasiado poco. Es manejable. Hoy hay tiempo suficiente para realizar todo lo que Dios quiere que yo haga. Cuando estoy estresado, ansioso y abrumado, suelo descubrir que es porque no estoy haciendo la voluntad de Dios, sino la mía.

Cuando la pena y el sufrimiento nos tocan, cuando estamos traumatizados, la vida puede ser debilitante. La tarea más sencilla puede parecer completamente abrumadora. En esos momentos, la sabiduría del poco a poco es más valiosa que nunca.

Esta sabiduría del poco a poco se aplica a todos los ámbitos de la vida. Reúne a cualquier grupo de escritores para hablar de su proceso de escritura y en poco tiempo saldrá el tema del bloqueo del escritor. Hay mil teorías diferentes: salir a pasear, leer un libro favorito, fingir que el bloqueo del escritor no existe, hablar con un amigo, consultarlo con la almohada. El problema que encuentro con todos estos remedios es que cuando vuelves a escribir te encuentras exactamente en donde estabas cuando abandonaste la página. Dependiendo del tiempo que lleves escribiendo, puede ser conveniente hacer una pequeña pausa. Pero después, escribe. Sé que parece una locura, pero la única forma de salir del bloqueo del escritor es escribir. Escribe cualquier cosa. Sáltate un capítulo o una sección y empieza a escribir el siguiente. Escribe una carta a un amigo. Escribe lo que se te ocurra. Escribe sobre lo que más te apasione. Simplemente escribe.

Ernest Hemingway describió lo que hacía cuando tenía dificultades para escribir. «Me quedaba mirando los tejados de París y pensaba: "No te preocupes. Siempre has escrito antes y escribirás ahora. Todo lo que tienes que hacer es escribir una frase verdadera. Escribe la frase más verdadera que conozcas". Así que, finalmente, escribía una frase verdadera, y a partir de ahí continuaba. Entonces era fácil porque siempre había una frase verdadera que conocía o había visto u oído decir a alguien».

Una frase. Eso es todo lo que hizo falta para cambiar el impulso.

La vida después de haber fracasado, de haber sido decepcionado, de haber perdido a un ser querido, de haber sido engañado, de haber perdido de vista quién eres y de lo que más importa, o de haber sufrido un golpe devastador e inesperado, es como el bloqueo del escritor. Puedes ignorarlo, evitarlo, fingir que no está ahí, distraerte de un millón de maneras, pero cuando termines, seguirá estando ahí.

La única manera de salir del bloqueo del escritor es escribir, y la única manera de avanzar en la vida es vivir. Al igual que un escritor hará todo lo posible para evitar escribir cuando tiene un bloqueo de escritor, cuando hemos sido traumatizados, haremos cualquier cosa para evitar vivir. Pero la vida es para vivirla.

Muévete hacia la luz.

Hubo días en los que yo estaba tan traumatizado que no sabía qué camino era hacia arriba o hacia abajo, hacia la izquierda o hacia la derecha, hacia atrás o hacia adelante. Pero durante todo ese tiempo, una suave voz interior me decía: «Camina hacia la luz». Había días en los que sentía que no podía caminar, y esa voz me decía: «No pasa nada, camina hacia la luz». Hubo días en los que sentí que no podía ni siquiera moverme, y esa voz me decía: «Está bien, solo mira hacia la luz».

Durante esos tiempos, me volví extremadamente sensible a quién y qué me estaba atrayendo hacia la luz, y a quién y qué me estaba atrayendo más profundamente hacia la oscuridad. Y no se trataba solo de otras personas.

Estos son los tipos de cosas que me atraen hacia la oscuridad: la preocupación, el miedo, la procrastinación, el comportamiento autodestructivo, la rumiación del pasado, la obsesión por el futuro, la autoconversación negativa y las personas tóxicas.

Esto es lo que me atrae a la luz: la oración, la reflexión, la meditación, la lectura, el trabajo, los largos paseos, el auténtico amor a uno mismo, la aceptación de los demás, el ser amado y aceptado por los demás, los amigos que quieren lo mejor para mí sin importar lo que les cueste, y el ser esa clase de amigo para los demás.

¿Qué haces cuando la vida no resulta como esperabas? ¿Qué haces cuando te encuentras golpeado y abandonado en uno de los callejones oscuros de la vida? ¿Qué haces cuando te ha sorprendido la traición? Caminar hacia la luz. Hay momentos en los que no podemos distinguir entre el camino de ida y el de vuelta. Nos hemos desorientado emocional y espiritualmente. En esos momentos de desorientación debilitante, quédate quieto y recupera el aliento. Si sientes que es el momento de avanzar, pero todavía no puedes discernir qué camino tomar, muévete hacia la luz.

Encuentra tu propio camino. No hay un camino o una receta para todos. Tienes esperanzas, sueños, miedos, ambiciones, talentos y necesidades únicas. Dios utilizará cada uno de ellos para llamarte a lo largo de tu propio y único camino, pero siempre hacia la luz.

Si no estás seguro de dónde estás o de la dirección que debes tomar: muévete hacia la luz. La luz siempre nos lleva hacia adelante.

Una elección a la vez.

Una de las cosas más patéticas que podemos decir como seres humanos es: «No tuve elección». Nuestra capacidad de elegir es una de las cosas que nos hace singularmente humanos.

Cuando era niño, observaba a mi padre, y siempre que él tenía que elegir entre hacer lo correcto o lo incorrecto, elegía lo correcto. Estoy seguro de que hubo ocasiones en las que no lo hizo, pero nunca fui testigo de ellas. Surgían situaciones y predicamentos, pero su respuesta era predecible. Lo que fuera lo correcto, eso es lo que él haría. Y debo confesar que, de niño, había momentos en los que deseaba que mi padre fuera menos hombre, en los que deseaba que no hiciera lo correcto.

Mis hermanos y yo encontramos un día un balón de fútbol en el parque. «Mira lo que encontramos», llegamos diciendo alegremente a casa.

«¿Creen que lo encontraron o que alguien lo perdió?», preguntó mi padre.

«Alguien lo perdió», dijo uno de mis hermanos tímidamente.

«Vamos, papá. Por favor, ¿podemos quedárnoslo?», añadió otro.

Papá no dijo que no. No dijo que debíamos hacer esto o aquello. Dobló su periódico y, como un filósofo sabio, empezó a hacer preguntas, algunas más capciosas que otras, dejando que cada pregunta permaneciera en el aire para tener un efecto completo, y esperando que cada una fuera respondida sin importar el tiempo que tomara.

«¿Cómo se sentirían ustedes si hubieran perdido aquel balón de fútbol?».

«¿Qué tan triste creen que está el niño que ahorró su dinero de bolsillo durante semanas o meses para comprar ese balón, que esta noche está en su casa preguntándose cómo pudo suceder algo tan terrible?».

«¿Cómo se le hundirá el corazón cuando recuerde dónde lo dejó y vuelva para ver que no está?».

«Si conservan el balón, ¿cómo cambiará eso la forma en que ese niño piensa en los demás y en el mundo?».

«Si deciden devolverlo, ¿no le enseñarán al niño que el mundo y la gente son buenos?».

Murmuramos y respondimos entre dientes a sus preguntas. Pero lo sabíamos. Papá nos había enseñado a distinguir el bien del mal. Nos había enseñado a vivir. Mientras caminábamos hacia nuestra casa, sabíamos lo que diría nuestro padre.

«Será mejor que se den prisa en volver. No querrán que el chico vuelva antes que ustedes y piense que ha perdido el balón para siempre», dijo finalmente papá. Mis hermanos y yo volvimos a caminar por la calle hasta el parque. Cuando llegamos al parque, había un niño de unos nueve años, con su padre, mirando alrededor del campo. Estaba claro que buscaban el balón. Corrimos hacia él y se la dimos. Estaba llorando, con lágrimas en la cara.

«Gracias», dijo su padre. «Se lo regalaron ayer por su

cumpleaños y se le rompió el corazón por haberlo perdido». Sentí el cálido resplandor de la bondad dentro de mí, y una vez más supe que mi padre había tenido razón.

Al día siguiente, cuando volvimos de la escuela, mi padre llegó pronto del trabajo. Estaba sentado en la mesa del comedor con un balón de fútbol nuevo delante de él, todavía en su caja. Era exactamente igual que el que había perdido el otro niño. Nos sentamos a merendar y mi padre dijo: «Me siento muy orgulloso de ustedes por haber hecho lo correcto ayer. Así que hoy fui a la tienda y les compré un regalo». Mis hermanos y yo rugimos de alegría, nos comimos la merienda y salimos corriendo al patio a jugar con el nuevo balón de fútbol.

Fue una poderosa lección, una de tantas. Mi padre era un buen hombre; lo extraño mucho. Me enseñó sobre la vida. Me enseñó sobre la bondad.

Construimos nuestras vidas un momento a la vez. El amor se construye un momento a la vez. El carácter se construye un momento a la vez. Los logros se construyen una elección a la vez. Dondequiera que estés y dondequiera que te sientas llamado a ir, lo que sea que estés haciendo y lo que te sientas llamado a hacer después, elige hoy algo que te mueva en la dirección de tus sueños.

Por muy desesperado que te sientas, vuelve a ponerte en contacto con tu capacidad de elegir. Recuerda que no todas las elecciones son iguales. Celebramos el libre albedrío como si la capacidad de elegir garantizara un buen resultado. No es así. Algunas elecciones complican y otras simplifican. Algunas elecciones traen vida y otras traen muerte. Algunas traen libertad y otras esclavitud. Algunas elecciones engendran esperanza, mientras que otras engendran desesperación. Algunas elecciones fomentan la salud y otras la enfermedad. Aprende a aprovechar el poder de la elección, tus elecciones, una elección cada vez, para todo lo que es bueno, verdadero, amable, noble, correcto, justo, considerado y generoso.

Cada momento es una oportunidad para cambiarlo todo. ¿Es este tu momento? Las elecciones determinan la dirección de nuestras vidas. ¿En qué dirección va tu vida?

Tres buenas razones para hacer cualquier cosa.

La clave para tomar buenas decisiones es elegir lo que es bueno. No es complicado. Es sencillo. Algunos dirán que esto es una simplificación excesiva. Pero hay belleza, virtud y tranquilidad en elegir lo que es bueno.

Tomás de Aquino creía que había tres tipos de bien que valía la pena perseguir: el bien moral, el bien práctico y el bien placentero. Estas pueden ser las únicas tres buenas razones para hacer algo.

Razón # 1: Es moralmente bueno. Ejemplos: el amor, la virtud, la justicia.

Razón # 2: Es prácticamente necesario. Ejemplos: comer, dormir, trabajar para mantener a tu familia.

Razón # 3: Te hace feliz.

¿Cuántas cosas has hecho hoy que no corresponden a estas tres razones?

Los cuatro absolutos.

¿Cómo tomas tus decisiones? ¿Con qué mides tus acciones? Los cuatro absolutos son otra forma de considerar qué hacer a continuación. A principios del siglo XX, los Cuatro Absolutos se desarrollaron para ayudar a las personas que se enfrentaban al alcoholismo a recuperar sus vidas.

Se han descrito como: una manera de mantenerse en sintonía con la voluntad de Dios para tu vida, normas morales, ideales para vivir, varas para medir nuestras acciones, una guía para cualquiera que trate de vivir la buena vida, y una herramienta para cualquiera que trate de vivir intencionalmente.

Los cuatro absolutos son:

1. La honestidad. ¿Es cierto o es falso?
2. El desinterés. ¿Cómo afectará esto a otras personas?
3. La pureza. ¿Está bien o está mal?
4. El amor. ¿Es feo o es bello?

Estas son guías poderosas. Proporcionan una claridad sorprendente en un mundo confuso. Nos ayudan a examinar nuestras opciones antes de tomar una decisión, ayudándonos a examinar nuestros motivos. Esta conciencia es esencial para el crecimiento espiritual y cualquier forma de desarrollo personal.

Considera la sabiduría de lo contrario. Por ejemplo, el

primer absoluto. Las mentiras nos separan de nuestro mejor yo, de los demás y de Dios. Solo hace falta una pequeña mentira para poner todo un universo entre tú y otra persona, o entre tú y Dios. Lo contrario de cada uno de los cuatro absolutos causa un dolor y una destrucción indecibles cada día.

¿Cómo sería tu vida si adoptaras la honestidad absoluta, el altruismo absoluto, la pureza absoluta y el amor absoluto? No estoy proponiendo que estos sean la guía de todos, pero si no son estos, ¿qué vara para medir utilizas para medir tus acciones y tomar decisiones?

Una filosofía personal.

Filósofo significa «amante de la sabiduría». La aplicación más práctica de cualquier filosofía es que capacita a las personas para tomar decisiones. Si alguien te hace daño, ¿cómo respondes? Algunas filosofías proponen la venganza; otras, la justicia; y otras, el perdón.

¿Tienes una filosofía por la que decides vivir?

Soy cristiano. Creo que las enseñanzas de Jesús son la mejor manera de vivir. Aunque me demostraran que Jesús nunca existió, seguiría creyendo que sus enseñanzas proponen la mejor manera de vivir. He estudiado otras religiones y filosofías y esa es la conclusión a la que he llegado. Lo que me gusta de las enseñanzas de Jesús es que se aplican a todo el mundo, en todas partes y en cualquier situación. No son elitistas, sino accesibles para todos. Imagina por un momento cómo sería el mundo si todos *se esforzaran* por vivir estas enseñanzas. Imagina cuántos sufrimientos del mundo se erradicarían.

Las enseñanzas de Jesús son muchas, así que a lo largo de mi día, cuando tengo que tomar una decisión, simplemente me pregunto: ¿me ayudará esto a convertirme en la mejor versión de mí mismo? Esta pregunta siempre aporta claridad. Esta es mi filosofía personal; se basa en mi creencia de que Dios creó a todos los hombres y mujeres para que se convirtieran en la mejor versión de sí mismos. Este es el sueño de Dios para nosotros, y nuestro sueño para cualquier persona que amemos de verdad. Mi experiencia de vida me ha llevado a descubrir que estoy plenamente vivo cuando me esfuerzo por llegar a ser todo lo que Dios creó para mí. No hay otra forma de estar plenamente vivo.

¿Cómo tomas las decisiones? ¿Tienes un proceso? ¿Tienes principios que te guíen? ¿Tienes una filosofía personal?

Sin una filosofía personal, la vida puede parecer complicada y compleja, porque cada vez que tienes que tomar una decisión, tienes que construir una filosofía desde cero. Esto resulta agotador, y las decisiones que se toman cuando estamos agotados rara vez son buenas. Cuando estamos cansados, estresados o tratado de calmarnos, una filosofía personal es especialmente útil. Estos escenarios dificultan la toma de decisiones por parte de la mente, porque nuestra claridad se ve comprometida.

Además de ayudarte a tomar mejores decisiones, la ventaja más práctica de tener una filosofía personal es que te capacita para tomar decisiones con rapidez, claridad y confianza.

Conviértete en un amante de la sabiduría, en un filósofo. Esto te ayudará a convertirte en un gran tomador de decisiones. Serás capaz de mirar atrás en tu vida dentro de tres meses, de un año, de diez años y de identificar las decisiones más sabias has tomado y los frutos que dieron en tu vida. Haz de la sabiduría una prioridad en tu vida y observa cómo florece tu vida.

El mundo necesita generaciones enteras de filósofos para rescatarlo del camino en el que se encuentra. Que todos seamos amantes de la sabiduría.

La sabiduría de la sencillez.

¿Describirías tu vida como maravillosamente simple o trágicamente complicada? Los hombres y mujeres más sabios de todas las edades han valorado la simplicidad, mientras que la persona promedio cae sin saberlo en una docena de complicaciones todos los días.

Albert Einstein fue uno de los mayores genios de todos los tiempos. Observó que «la genialidad es tomar lo complejo y simplificarlo». Tal vez sea hora de aplicar esta genialidad a nuestras vidas.

Guillermo de Ockham fue un filósofo y lógico del siglo XIV. Es más conocido por su principio de resolución de problemas conocido como la navaja de Occam: «La *solución más simple* es casi siempre la *mejor*». Durante setecientos años, esta teoría ha guiado a los grandes pensadores de todas las disciplinas. El genio y la sencillez se han vuelto inseparables entre las personas más sabias de todas las culturas. Aún así, en un mundo con opciones ilimitadas, luchamos por adoptar y aplicar la sabiduría de la simplicidad a la vida diaria.

Henry David Thoreau observó: «Creo en la sencillez. Es asombroso, además de triste, cuántos asuntos triviales hasta el más sabio cree que debe atender en un día; cuán singular es un asunto que cree que debe omitir. Cuando el matemático quiere resolver un problema difícil, primero libera la ecuación de todos los obstáculos y la reduce a sus términos más simples. Entonces, simplifica el problema de la vida y distingue lo necesario de lo real».

Todos los días te enfrentas a cientos de elecciones, opciones y decisiones. Caemos en la complejidad por defecto, y la complejidad tiene el hábito infalible de crear un desorden o aumentar el desorden. Déjate gobernar por la búsqueda de la simplicidad. La mayoría de la gente no lo hace. No porque esto no tenga sentido, sino porque no dedicamos suficiente tiempo a reflexionar sobre la vida. Pasamos más tiempo planificando nuestras vacaciones anuales que considerando nuestras vidas.

Adopta la sabiduría de la sencillez. Nunca te arrepentirás de haberlo hecho. Aplícalo a todos los aspectos de tu vida. Es un excelente camino hacia la claridad y la paz. Las mentes hermosas de todas las épocas han apreciado la simplicidad. Sigue su genialidad.

La vida sencilla es la esencia de la sabiduría. El deseo de sencillez en sí mismo es un signo de sabiduría. Si estás estancado, la forma más natural de desatascarte es simplificando tu vida y despojándote de todo lo que no es esencial. Para avanzar se necesita claridad, y la simplicidad da origen a la claridad.

¿Todavía no estás convencido? Aquí hay nueve razones para simplificar su vida:

El significado. La simplicidad conduce a una vida más significativa. El secreto para vivir una vida con sentido es despojarse de todo lo que no tiene sentido. Elimina todo lo que es trivial o innecesario y todo lo que queda tendrá sentido.

El tiempo. La sabiduría de la simplicidad te enseña a decir no. Esto te da más tiempo libre, más tiempo para lo que más importa.

Las relaciones. Si quieres que tus relaciones prosperen, elige la simplicidad en todas las cosas. Esto creará tiempo para estar con los demás, y todas las relaciones prosperan cuando les das despreocupación por el tiempo.

La claridad. Adoptar la sabiduría de la simplicidad te llevará a una mayor claridad sobre quién eres y qué es lo más importante. Esto te llevará a tomar mejores decisiones. Con la claridad de la simplicidad seguirás eliminando todo lo que es innecesario, cambiando el enfoque de tu vida de los muchos triviales a los pocos esenciales.

La satisfacción. La vida sencilla es más satisfactoria. Cuando nos apresuramos a probarlo todo, pero sin saborear nada, nos sentimos descontentos e insatisfechos. La sencillez nos permite beber profundamente y saborear las cosas más importantes de la vida. Saborear es probar y disfrutar por completo. ¿Cuándo fue la última vez que saboreaste algo?

La libertad. La simplicidad es liberadora. La complejidad es una forma de esclavitud. La simplicidad nos hace literalmente libres. El dinero, las cosas y los compromisos ocupan espacio en nuestra mente y nos complican la vida. Libérate de los compromisos y de las posesiones innecesarias, simplifica tu vida y, poco a poco, te liberarás.

La integridad. La simplicidad hace que sea más fácil vivir alineado con tus valores. Vivir una vida sencilla crea menos situaciones en las que tus valores se ven desafiados. Cuando nos complicamos la vida, acabamos pensando que «el fin justifica los medios». Cuando abandonamos nuestros valores, nos abandonamos a nosotros mismos y, separados de nosotros mismos, nunca podremos ser felices.

Las necesidades. La vida simple es el secreto de la abundancia. La sabiduría de la simplicidad te ayuda a darte cuenta de que tus necesidades son infinitamente más importantes que tus deseos. Necesitamos muy poco; mantén tus deseos sencillos. Sócrates observó que el hombre más rico no es el que más tiene, sino el que menos necesita.

Menos. Menos es realmente más, y mejor.

La vida sencilla es una de las pocas cosas en la vida que no decepciona. ¿Cuál de estas nueve cosas no quieres? ¿Hay algo que desees más que estas? Entonces, ¿por qué seguimos complicándonos la vida? ¿Por qué la sencillez no es uno de nuestros valores fundamentales?

¿Cómo se complica tanto la vida?

Si realmente quieres abrazar la vida sencilla, tienes que saber cómo se complica la vida en primer lugar. Nos complicamos la vida innecesariamente de mil maneras, persiguiendo cosas que no necesitamos ni queremos realmente. Arrastrados por una cultura de expectativas, la mayoría de la gente nunca se detiene lo suficiente para reflexionar sobre los deseos más profundos de su corazón.

Si vamos a celebrar la sencillez, es importante entender cómo se complican nuestras vidas. No somos víctimas de la complicación. Corremos voluntariamente a los brazos de la complicación. Nos complicamos la vida. A veces es el resultado de una gran decisión y a veces es el resultado de mil pequeñas decisiones. Hay veces en las que los acontecimientos inesperados de la vida traen consigo el caos y la complejidad, aunque suele ser su adición al caos y la complejidad que ya hemos creado lo que hace que la vida sea estresante o incluso aparentemente insoportable.

Nos complicamos la vida de muchas maneras. La mayoría de la gente puede hacer una lista. Pero hay una cosa que rara vez tenemos en cuenta cuando examinamos por qué nuestras vidas se han complicado tanto.

Mi padre era un hombre de negocios. Me enseñó

muchas cosas sobre las finanzas personales, la vida y las responsabilidades de un empresario. Una de las lecciones que nunca olvidaré fue sobre la compra de cosas. Solía hablar de dos costos: el primero y el segundo. El costo de comprar algo, y el coste de mantenerlo. Es el costo de mantener un auto, una casa o cualquier bien valioso lo que suele meter a la gente en problemas. Y mientras más caro es algo, más caro suele ser su mantenimiento. Por tanto, cuando te compras un auto, no estás tomando una única decisión de compra, sino docenas. En esa única decisión, también decides comprar gasolina para el auto, hacerle un mantenimiento regular, comprar neumáticos nuevos cuando sea necesario, repararlo si tiene un accidente o es objeto de vandalismo, y otras cosas de las que quizá ni siquiera seas consciente en ese momento. Este es el efecto de la elección.

Desde que mi padre me explicó los dos costos, he aprendido que también hay un tercer costo. El tercer costo es el tiempo. Todo lo que compramos requiere tiempo.

Un día, Doug y Susie decidieron adquirir un perro. Sabían que era una decisión importante, pero ambos habían tenido perros de pequeños y pensaban que estaban preparados.

Lee la frase anterior y mira si puedes encontrar el error. Aquí lo tienes: *Sabían que era una decisión muy importante.* No fue una decisión importante. Fueron mil decisiones. Más bien.

La esperanza de vida media de un perro es de unos doce años. Lo ideal es que los perros hagan sus necesidades al aire libre tres veces al día. Por lo tanto, la elección de tener un perro es también 13.140 decisiones preconcebidas para sacarlo a orinar. Si alguien le dijera: «¿Podría sacar a mi perro a hacer pis trece mil veces?», ¿qué dirías?

Tener un perro son cien mil decisiones, lo que significa que estás diciendo que no a otras cien mil cosas. Cuando la gente decide tener un perro, es vagamente consciente de lo que implica, pero la gran mayoría nunca ha considerado todo lo que implica. No tienen en cuenta que están eligiendo sacar a ese perro a orinar más de trece mil veces. Y esto es solo un aspecto de la vida de un perro y de las responsabilidades de su dueño. También está la alimentación, las visitas al veterinario, las clases para cachorros y el registro del perro. Todo esto es antes de que el perro se enferme, que por seguro sucederá en algún momento. Pero no pensamos en estas cosas cuando tomamos esa decisión.

La compensación, por supuesto, es la alegría que el perro le dará a ti y a tu familia. En esto nos centramos cuando tomamos la decisión. No me malinterpretes: me gustan los cachorros tanto como a cualquier otra persona, pero mi primer objetivo aquí es dar un ejemplo de cómo lo que pensamos que es una única decisión puede llevar en realidad a mil elecciones y compromisos preestablecidos. Mi objetivo final es animarnos a todos a alcanzar un nivel superior de conciencia cuando tomamos decisiones.

El error que cometemos es que pensamos que adquirir un cachorro es una sola elección. No es así. Una elección hecha libremente puede llevar a mil obligaciones, o incluso a un millón de esclavitudes, dependiendo de la situación.

E. B. White encapsuló perfectamente esta idea con asombrosa claridad en *La telaraña de Carlota* cuando escribió: «No hay límite para lo complicado que pueden ser las cosas porque una cosa siempre lleva a otra».

La simplicidad es una cosa de belleza, como diría John Keats. La sencillez se encuentra en la verdad, la belleza, la bondad y la justicia. Es muy deseada, pero rara vez se busca. Debes decidir si adoptarás el verdadero amor por la simplicidad o te dejarás seducir por las ilusiones de la complejidad.

A menos que la simplicidad sea un objetivo, uno que trabajemos para lograr y defender sin descanso, nuestras vidas se volverán cada vez más complejas, abrumadoras e inmanejables. Una cosa siempre lleva a otra... si lo permitimos. Deja que la sabiduría de la simplicidad guíe cada decisión que tomes.

Aprende a decir no.

El «no» es tu amigo cuando se trata de abrazar la simplicidad. De hecho, el «no» es tu amigo cuando se trata de poner en práctica la mayoría de las lecciones que las ideas de estas páginas despiertan en nosotros. La mayoría de nosotros sabemos que tenemos que mejorar la forma de decir no, así que no hablaré con lirismo sobre el tema. Solo diré una cosa y te invito a reflexionar sobre ella: *si no eres libre para decir no, no eres libre para decir sí.*

Trabaja en ser libre para decir no y tu sí será más centrado, significativo y poderoso que nunca. Lo que dices que sí lo determina todo. Y si no dices que no a las cosas equivocadas, no habrá espacio en tu vida para decir sí a las cosas correctas.

Decimos que queremos vivir vidas más significativas, pero seguimos diciendo que sí a cosas sin sentido. Empieza a decir no a las cosas sin sentido y permite que surja una vida con sentido y plenitud dentro y alrededor de ti.

La principal amenaza para tu plenitud.

Si algo amenazara tu felicidad, ¿querrías saberlo? Si la gente supiera que nunca podrías estar verdaderamente completo sin algo y te ocultaran esa información, ¿cómo te sentirías?

La mayor amenaza para tu felicidad y plenitud son tus necesidades espirituales no reconocidas.

Tardé toda una vida en formular la frase anterior. Es una idea que he conocido, olvidado y vuelto a recordar demasiadas veces para contarlas. Lo digo con toda sinceridad, si te sentaras con esa única frase treinta minutos cada día durante un año, ponderando, reflexionando, preguntando, meditando sobre lo que significa para ti, sería un tiempo bien empleado.

Eres un ser espiritual. La vida no es solo una experiencia física. Está claro que también es una experiencia emocional, y una experiencia intelectual, pero descuidamos la *realidad* de que también es una experiencia espiritual. Estamos obsesionados con el aspecto físico del ser, mientras ignoramos el aspecto espiritual. No puedes vivir la vida al máximo si ignoras tu yo espiritual. No puedes estar plenamente vivo sin la espiritualidad. No puedes prosperar y florecer si dejas que tu alma se muera de hambre.

La cultura actual ha abrazado la ilusión de que la espiritualidad es un extra opcional. Pero nuestras necesidades espirituales no han disminuido y no están siendo satisfechas. Cada uno de nosotros tiene la responsabilidad de buscar y encontrar el alimento espiritual que necesitamos para la siguiente etapa de nuestro viaje.

Si vivo otros cien años, puede que nunca escriba una línea tan llena de significado como esta: la mayor amenaza para tu felicidad y plenitud son tus necesidades espirituales no reconocidas.

Una experiencia espiritual.

No hay sustituto para una vida espiritual vibrante. Una rica vida interior es esencial para el florecimiento humano. Si queremos vivir la vida al máximo, tenemos que dar prioridad al aspecto espiritual de lo que somos.

«No soy una persona espiritual», dicen algunas personas. No es cierto. Es una negación de la realidad, un engaño que seguirá chocando con la realidad hasta que se alcance la alineación. Es como decir que no existe la gravedad.

A finales de los años 20, Rowland Hazard III visitó al pionero psicoanalista Carl Jung en Suiza. Hazard era un exitoso hombre de negocios estadounidense y un alcohólico sin remedio que había requerido hospitalización en más de una ocasión. Tras haber agotado otros tratamientos y remedios, estaba desesperado por curarse. Jung trabajó intensamente con Rowland durante un periodo de tiempo desconocido, pero el estadounidense volvió de nuevo a los excesos del alcohol. Se cuenta que, tras abandonar los cuidados de Jung, se detuvo en el primer bar y se emborrachó. Su compulsión por el alcohol era tan grande que Jung acabó declarando que en ese momento Rowland era inmune al tratamiento psicológico. La simple pregunta que hizo Rowland entonces fue: «¿No hay esperanza, entonces?».

«No, no la hay, salvo que algunas personas con su problema se han recuperado si tienen una experiencia espiritual transformadora», fue la respuesta del doctor.

¿Qué estaba diciendo Jung? Sin una experiencia espiritual no hay esperanza. Sin una experiencia espiritual no tendrás una buena salud.

Lo que fue cierto para Rowland Hazard es cierto para ti y para mí. Tal vez pienses: *No soy un alcohólico.* Tal vez ni siquiera bebas alcohol. No importa. Todos necesitamos superar algo, todos necesitamos recuperarnos de algo, para poder hacer el viaje hacia adelante.

Esto me recuerda un pasaje de la Biblia que olvidamos con frecuencia. En el Evangelio de Marcos se cuenta la historia de un hombre que lleva a su hijo, poseído por un demonio, a los discípulos de Jesús y les pide que lo curen. Los discípulos habían tenido éxito en la sanación de personas y en la expulsión de demonios utilizando el método que Jesús les había enseñado.

Pero en este caso, no pudieron ayudar al niño. Jesús se presenta y expulsa él mismo al demonio. Más tarde, sus discípulos le preguntan por qué no pudieron curar al niño. Jesús responde: «Algunos espíritus malignos solo pueden ser expulsados mediante la oración y el ayuno» (Marcos 9:29).

El ayuno es una poderosa práctica espiritual que se realiza no para castigar al yo, sino para liberarlo. Pero en nuestro mundo obsesionado por la comodidad ha caído en desuso. La combinación de oración y ayuno tiene un historial impecable de creación de experiencias espirituales transformadoras desde hace miles de años. En cierto sentido, Jung se hacía eco de lo que Jesús ya había dado a conocer.

Pero recuerda la pregunta de Rowland: ¿no hay esperanza? Cada vez que llegues a un lugar de desesperanza o te encuentres en un camino que parezca conducir a él, busca una «experiencia espiritual transformadora». No esperes a que te llegue una experiencia espiritual poderosa. Búscala. Ve a buscarla. La mejor manera de predecir el futuro es crearlo. La mejor manera de crearlo es en colaboración con Dios.

Entiendo por qué muchas personas rechazan la religión. He conocido a demasiadas personas con profundas heridas de fe como para no entenderlo. Sin embargo, rechazar algo que necesitas para prosperar es algo que no tiene sentido. Somos seres espirituales que necesitan sustento espiritual. Alimenta tu alma. Las experiencias espirituales son esenciales para tu bienestar. Una perspectiva espiritual y una espiritualidad diaria vibrante son cruciales para el florecimiento general de todos y cada uno de los seres humanos.

Recuerda: la mayor amenaza para tu felicidad y plenitud son tus necesidades espirituales no reconocidas.

Tres citas.

Todos debemos acudir a tres citas. La cita con uno mismo, la cita con Dios y la cita inevitable con la muerte. Podemos evitar, negar, resistir, ignorar y pretender que estas citas no están en nuestra agenda. No importa. La vida nos trae estas citas tanto si creemos que estamos preparados como si no.

La primera cita es con uno mismo. Es increíble cómo nos evitamos a nosotros mismos. Pocas cosas contribuyen más a nuestra sensación colectiva de que falta algo y de que estamos viviendo la vida de otra persona que la evitación de uno mismo.

Hace mucho tiempo, aprendí a mantener una cita diaria con uno mismo. Si no me reúno conmigo mismo todos los días, acabaré traicionándome a mí mismo, tanto en lo pequeño como en lo grande. Pero cuando acudo a esta cita, salgo con un sentido claro y firme de mí mismo. Este sentido de sí mismo —saber quiénes somos y para qué estamos aquí— es más precioso que el oro.

La calidad de todas nuestras relaciones está determinada por la calidad de nuestra relación con nosotros mismos. Esta es una de las muchas razones por las que la primera cita es fundamental. Cuando evitamos esta cita, limitamos todas nuestras relaciones.

La segunda cita es con Dios. Evitamos a Dios, huimos de él, pensando que queremos algo distinto de lo que él quiere darnos. Pero al huir de Dios, huimos de nosotros mismos. El alejamiento de Dios es el alejamiento de uno mismo. Solo en la unión con Dios descubrimos y nos convertimos en nuestro verdadero yo.

Cuando descubrimos lo complicada y difícil que es la vida, escuchamos un llamado urgente a rehacer y reconstruir la vida interior. Lo que antes era una invitación se convierte rápidamente en una convocatoria. No el llamado de un Dios tirano que exige que le prestemos atención, sino el llamado de nuestra propia alma para que le prestemos atención antes de que se marchite y muera.

Acude a Dios cada día durante algún tiempo. ¿Quién más te llevará a pastos verdes y aguas tranquilas? ¿Quién más hará que tu copa rebose? ¿Quién más restaurará tu alma?

No sé si tú, pero yo necesito eso. Mi alma necesita ser restaurada.

La tercera cita es con la muerte. Es la verdad ineludible. Es una tarea no negociable. Jack Nicholson está caminando por un bar cuando reconoce a alguien. No se detiene, pero reduce la velocidad. «¿Cómo estás?», le pregunta. El tipo empieza a quejarse de algo y Jack lo interrumpe: «Todos nos estamos muriendo. Actúa en consecuencia». ¿Es contundente? Sí. ¿Es cierto? Sí. Todos morimos, pero no actuamos en consecuencia.

«Todo hombre muere, pero no todo hombre vive realmente», fue la observación de William Wallace. Nadie le teme más a la muerte que aquellos que no han vivido. Nadie le teme más a la muerte que aquellos que no han descubierto quiénes son y han ofrecido ese regalo al mundo. La muerte es inevitable, pero una vida bien vivida no lo es.

Cuando llegues al final de tu vida, cuando la muerte esté innegablemente cerca, ¿qué te aportará una alegría sin paliativos? Algunos dirán que pensar en la muerte es morboso. Yo no estoy de acuerdo. Lejos de ser malsano, es un ejercicio valioso y significativo. Pensar demasiado en la muerte puede ser morboso, pero ¿cuánto es demasiado? Sugiero que se piense en la muerte solo lo necesario para vivir la vida al máximo.

Cuando somos jóvenes parece que tenemos todo el tiempo del mundo. Pero no es así. Antes de lo que esperamos, empezamos a hacernos más lentos. No podemos hacer las cosas que solíamos hacer. Todo el tiempo nuestros cuerpos se descomponen, aunque a menudo no lo reconocemos hasta que enfermamos o nos morimos. ¿Cómo te sentirás cuando te estés muriendo? ¿Qué pensarás? Es una cita a la que todos debemos acudir. No llegues sin estar preparado.

Si hoy supieras que te estás muriendo, ¿qué lamentarías? ¿Qué te dicen esos arrepentimientos sobre cómo estás viviendo tu vida? ¿Qué cambios te invitan a hacer esos arrepentimientos?

Los más sabios de todas las épocas han reflexionado sobre la muerte y la eternidad. No como un ejercicio de morbosidad, sino para vivir la vida en plenitud.

La muerte y el conocimiento de su inevitabilidad tienen un propósito importante en nuestras vidas. Imaginemos la despreocupación y la imprudencia con la que la gente viviría si supiera que va a vivir para siempre en este mundo.

Si vivir una vida con sentido depende de llenar nuestra vida con actividades significativas, estas tres citas deberían figurar regularmente en nuestra agenda. Estas tres citas nos ayudan a separar lo que no tiene sentido de lo que sí lo tiene. Nos ayudan a priorizar lo que más importa y nos dan el valor para decirle no a lo que menos importa. Construyen dentro de nosotros un verdadero sentido del yo, y pocas cosas son más importantes que esto. Estas tres citas, en resumen, nos mantienen alerta y conscientes de nuestras bendiciones, nos ayudan a ser más nosotros mismos de un modo más perfecto y a vivir la vida al máximo.

Habla.

Cuando estamos traumatizados, a menudo perdemos la voz. Si el trauma pudiera hablar, diría cosas como: «¡Cállate!» «Lo que piensas no importa». «Tu voz no es importante». «Nadie se preocupa por ti». «Tu dolor es irrelevante». «Nunca te recuperarás de esto».

El trauma no tiene voz, pero este es el tipo de cosas que sentimos cuando estamos traumatizados. Por lo tanto, después de haber sido lastimados, manipulados, abusados, traicionados, engañados, después de que nos hayan roto el corazón, la mente, el cuerpo y el alma, aprender a encontrar nuestra voz es más difícil y, sin embargo, más importante que nunca.

Lo obvio se me ocurrió cuando comencé a recuperarme: la gente buena quiere escuchar lo que tienes que decir. Si no abres la boca, no te escucharán. La gente no puede escuchar tus pensamientos ni leer tu mente. Si no preguntas, la respuesta siempre será no. Si no le dejas a la gente saber lo que necesitas, tus necesidades quedarán insatisfechas.

Necesitar es ser profundamente humano. Nosotros necesitamos. Pensar de otra manera es ir más allá de la ilusión y caer en la delusión. Necesitamos aire para respirar, agua para beber, comida para comer, ser tocados y abrazados, amar y ser amados, oportunidades para aprender cosas nuevas y segundas oportunidades. Nosotros necesitamos. Necesitar es ser humano, y la vida no puede ser una experiencia asombrosa si niegas tu humanidad. Esta es la forma más trágica en que nos deshumanizamos.

Así que habla. No es necesario que seas desagradable al respecto, pero te sentirás libre cuando lo hagas. Y lo asombroso es que las personas que realmente te aman quieren escuchar lo que tienes por decir. Se sentirán fascinados y enamorados.

Un mal negocio.

Para desatascarnos tenemos que dejar de hacer malos negocios. ¿Qué es un mal negocio? Es cuando *pierdes* más de lo que ganas. No estoy diciendo que la meta en la vida deba consistir siempre en recibir más de lo que das. *Perder* es la palabra que utilicé. Perder algo es diferente a *dar* generosamente. Y *tomar* es algo completamente diferente nuevamente. Es hora de dejar de hacer malos tratos consigo mismo, con los demás y con la vida.

Hablemos de lo primero y lo peor. El primer mal trato que hacemos es cuando nos complicamos la vida. Cuando nos complicamos la vida, siempre perdemos más de lo que ganamos.

El peor mal trato que haces es cada vez que finges ser alguien diferente a tu maravilloso yo. Si tienes que ser menos que tú mismo para agradarle a alguien, preocuparse por ti, quererlo o querer trabajar contigo, estás perdiendo más de lo que ganas y haciendo un mal trato.

¿Estás a punto de hacer otro mal trato? Da un paso atrás y reconsidera.

El perdón.

No hay camino a seguir sin perdón. Yo sé eso. Aun así, perdonar es una de las cosas más difíciles de hacer en esta vida. Y mientras más amas a alguien y más te lastima esa persona, más difícil es perdonar.

No soy bueno para eso. No fingiré que lo soy. Aun así, lo intento. Me esfuerzo para perdonar. Es fácil decir las palabras, pero luego tienes que vivirlas. Algunos días siento que estoy progresando mucho, y luego hay días en los que me siento sacudido por el tornado de la regresión. Hay momentos en los que estoy seguro de haber perdonado a alguien (esta creencia puede durar semanas, meses), pero luego descubro otra esquirla de metralla en mi corazón y siento que necesito perdonar de nuevo, de formas nuevas y más profundas Lo que encuentro humillante es que es mi necesidad de perdonar, y no la necesidad de los otros en ser perdonados. La persona podría haberse ido hace mucho tiempo y no formar parte ya de mi vida. Puede que ni siquiera pensara en mí en años. La necesidad es mía y creo que es saludable recordar eso.

El espíritu está dispuesto, pero mi corazón herido se aferra al dolor. No se da cuenta de que se aferra al veneno. El hombre que hay en mí entiende, pero el niño que hay en mí todavía está paralizado por las heridas.

El perdón requiere una fuerza increíble. Requiere asistencia divina. Pero no necesitas toda la fuerza a la vez, solo un poco a la vez.

Cuando lucho por perdonar, esta es mi oración. Esto es lo que le pido a Dios.

Espíritu de Dios,
En este momento,
No puedo o no quiero perdonar.
No sé cuál de las dos.
Lléname con la sabiduría del perdón.
Llévame a la hermosa verdad de
que perdonar a los demás es parte de mi propia sanación.
Límpiame del veneno de la falta de perdón.
Brilla la luz para ver cómo la falta de perdón
afecta mi salud física, emocional y espiritual.

Hoy,
No puedo o no quiero perdonar.
No sé cuál de las dos.
Solo dame el deseo de perdonar.
Solo el deseo.
Esto es todo lo que pido hoy.
Dame el deseo de perdonar.
Porque sé, confío y creo
que si pones el deseo de perdonar
firmemente en mi corazón,
ese deseo crecerá,
y llegará el día
en que esté dispuesto y sea capaz de perdonar.
Amén.

¿A quién necesitas perdonar? No pasa nada si todavía no has llegado a ese punto. Sé paciente contigo mismo. No te rindas ni permitas que tu corazón se endurezca. Sé que no es fácil, pero no hay camino hacia adelante sin perdón. Y a quien tengas que perdonar, y sea lo que sea lo que tengas que perdonar, no vale la pena impedir tu camino hacia adelante.

No hay futuro sin perdón.

Cambia algo.

¿Por qué somos tan complacientes, incluso indiferentes, con nuestra propia vida?

Hace muchos años, escuché una poderosa historia de un

amigo en Australia. La historia tuvo un impacto inmediato en mí, pero adquirió un significado nuevo y audaz durante esta época de mi vida.

Clare creció en Australia antes de mudarse a Estados Unidos y casarse. Cada año ahorraba hasta el último centavo que podía para regresar a Australia durante un mes con su hijo. Durante ese mes, visitaba a sus parientes; anhelaba pasar tiempo con su hermano John.

John quiere a su hermana y haría cualquier cosa por ella. Pero año tras año, la hermana que regresaba era diferente a la del año anterior... y muy diferente a la hermana con la que él recordaba haber crecido. Después de varios años, John decidió que tenía que hacer o decir algo, pero no sabía qué. El último día de la visita de Clare ese año, la invitó a dar un paseo en auto. Condujeron un rato hablando de muchas cosas, y luego John se detuvo a un lado de la carretera.

Dirigiéndose a su hermana, le dijo lo mucho que la quería, que deseaba que fuera feliz, y que cada año le preocupaba más el desarrollo de su vida. Los ojos de Clara comenzaron a llenarse de lágrimas. «¡No pareces feliz, hermana!», le dijo. «Cada año eres menos persona». Clare se quedó sentada mientras una sola lágrima escapaba de su ojo izquierdo, corría por su mejilla y salpicaba su muslo justo por debajo de la línea de su vestido de verano.

«¡Mereces ser feliz, hermanita!», añadió John y Clare asintió con conocimiento de causa. «No sé qué hacer o decir. Me gustaría poder ayudarte, pero creo que es algo que tienes que hacer por ti misma».

Clare habló finalmente: «Es solo que me siento atascada, perdida, enojada...».

«Sé que lo haces», John empatizó con ella. «Simplemente prométeme que harás algo diferente este año. Sé que mamá, papá y tus amigos tienen sus opiniones sobre lo que deberías hacer, pero no voy a entrar en eso. Solo tú puedes decidir lo que harás. Simplemente cambia algo. No voy a decirte lo que debes cambiar. Simplemente prométeme que cambiarás algo. Tómate un tiempo para pensar en lo que tienes que hacer, y luego, simplemente pulsa ese interruptor. Prométemelo».

Clare asintió y lloró un poco más, y John empezó a llorar también. Pero la conversación en sí ya había activado un interruptor en Clare. Sabía lo que tenía que hacer, y una Clare muy diferente volvió a Australia al año siguiente.

Ahora es tu turno, y el mío. Prométeme que cambiarás algo. No es necesario que te precipites ni seas impulsivo, pero prométeme que cuando sepas qué es, oprimirás el interruptor. Esta es una nueva primavera en tu vida. Es el momento de emprender un nuevo camino. Ten el coraje de hacer el cambio, acciona el interruptor, y dentro de un año mirarás atrás con asombro y admiración.

Cuando el cambio parece demasiado desalentador.

El caos en la vida puede ser paralizante. Cuando más necesitamos el cambio, a menudo nos sentimos menos capaces de abrazar el cambio que sabemos que necesitamos a toda costa. Pero eso está bien.

Imagina el más pequeño ajuste que podrías hacer en tu vida. Algo minúsculo. Tan pequeño que parezca insignificante. Compáralo con girar y mirar en la dirección correcta al principio de un viaje de mil millas. Así es, ni siquiera el primer paso, solo girar y mirar en la dirección correcta. Si eso es todo lo que puedes hacer ahora, es suficiente. No dejes que lo que no puedes hacer interfiera con lo que sí puedes.

Cuando el cambio parezca demasiado desalentador, haz un pequeño ajuste y presta atención a cómo cambia tu energía y se eleva tu ánimo.

Lo básico.

Imagina por un momento que sufres un accidente y tienes que aprender a caminar y hablar de nuevo. Sería insoportable. Cada medio paso, cada sílaba, requiere toda tu concentración y esfuerzo. Y además, está la angustia mental de no saber si volverás a caminar o a hablar. Recuperarse de cualquier trauma es como aprender a caminar de nuevo. Es lento y puede ser insoportablemente doloroso y difícil. Sé paciente contigo mismo. Sé amable contigo mismo. Celebra cada avance, por pequeño que sea.

Desciende suavemente por la corriente.

Cuando somos niños nos enseñan muchas de las lecciones más importantes de la vida, pero a medida que crecemos, las descartamos por ser infantiles e inútiles.

La canción infantil *Rema, Rema, Rema tu Barco* es un ejemplo. Consiste en un verso, compuesto por veintiuna palabras, que se repite. Esta repetición es hipnotizante y espera que recordemos sus lecciones toda la vida. «Mantén la sencillez» es quizá la primera lección.

Rema, rema, rema tu barca
Suavemente por la corriente
Alegremente, alegremente, alegremente, alegremente
La vida no es más que un sueño

¿Qué pensamientos se te pasan por la cabeza al leer la letra? ¿Qué palabras te llaman la atención al leerlas? ¿Cuándo viviste por última vez un día que reflejara la sabiduría de la rima?

Este es mi flujo de conciencia: **Remar**. Tienes que remar. Tienes que hacer un esfuerzo. No es flotar o ir a la deriva. **Tu barca**. Cada uno es responsable de su propia barca. Yo no soy responsable de remar en tu barca, ni tú en la mía. **Suavemente**. Esta es una actividad calmada; no hay que dar golpes ni correr. **Por la corriente**. No se trata de batallar para ir río arriba. **Por la corriente**. Hay una dirección; no estamos a la deriva. **Alegremente.** Alegre, relajado, disfrutando del momento presente. Este verso de la canción tiene más alegría que algunas semanas de mi vida. ¿Cuándo fue la última vez que experimenté esta alegría? No soy una persona muy alegre. ¿Qué es la alegría? Estar contento, creo. ¿Por qué no soy más alegre? ¿Qué me impide ser más alegre? **La vida no es más que un sueño**. No te tomes todo tan en serio. La vida pasa rápidamente.

¿Qué lección te llevas del ejercicio? Para mí hay dos: reducir la velocidad y ser amable con uno mismo. La velocidad de nuestras vidas puede ser una forma de violencia. Estar excesivamente ocupado puede ser una forma de violencia. Me pregunto por qué me trato tan mal a veces. Necesito practicar «ir suavemente por la corriente» y «alegremente, alegremente, alegremente».

Llegar a ser real.

Los libros que nuestros padres y abuelos nos leían en la infancia están llenos de toda una vida de profundos conocimientos. Contienen hermosas e importantes verdades; diez mil años de sabiduría colectiva. Estos mensajes se fijan en nuestro subconsciente y emergen a lo largo de nuestra vida cuando más los necesitamos.

Cuando yo era un niño, mi madre me leía *El conejo de terciopelo*. Este fue el libro que emergió de mi subconsciente en esos momentos de mi vida adulta. Estos son los mensajes perdurables que siguen cautivándome:

«El Caballo de Piel había vivido más tiempo en la guardería que cualquiera de los otros. Era tan viejo que su pelaje café estaba calvo en parches y mostraba las costuras por debajo, y la mayoría de los pelos de su cola habían sido arrancados para ensartar collares de cuentas. Era sabio, pues había visto llegar una larga sucesión de juguetes mecánicos de los cuales jactarse y alardear, y que al cabo de un tiempo rompían sus resortes principales y desaparecían, y sabía que solo eran juguetes, y que nunca se convertirían en otra cosa. Porque la magia de la guardería es muy extraña y maravillosa, y solo aquellos juguetes que son viejos, sabios y son experimentados como el Caballo de Piel lo entienden todo».

—¿Qué es lo REAL? —preguntó el Conejo un día, cuando estaban acostados uno al lado del otro cerca de la guardería, antes de que Nana viniera a ordenar la habitación—. ¿Significa tener cosas que zumban dentro de ti y una manija retráctil?.

—Lo Real no es tal como estás hecho —dijo el Caballo de Piel—. Es una cosa que te ocurre. Cuando un niño te quiere durante mucho, mucho tiempo, no solo para jugar, sino que te quiere de verdad, entonces te conviertes en Real.

—¿Duele? —preguntó el Conejo.

—A veces —dijo el Caballo de Piel, pues siempre era sincero—. Cuando eres Real no te importa que te hagan daño.

—¿Sucede todo de una vez, como si te dieran cuerda? —preguntó el Conejo—, ¿o poco a poco?

—No ocurre de golpe —dijo el Caballo de Piel—. Te transformas. Lleva mucho tiempo. Por eso no le ocurre a menudo a la gente que se rompe con facilidad, o que tiene bordes afilados, o a la que hay que cuidar. Por lo general, cuando uno es real, la mayor parte del pelo se te ha caído, los ojos se te caen, se te aflojan las articulaciones y te afeas mucho. Pero estas cosas no importan en absoluto, porque una vez que eres Real no puedes ser feo, excepto para la gente que no lo entiende.

—Supongo que tú eres Real —dijo el Conejo. Y luego deseó no haberlo dicho, porque pensó que el Caballo de Piel podría ser sensible. Pero el Caballo de Piel simplemente sonrió.

—El tío del niño me hizo Real —dijo—. Eso fue hace muchos años; pero una vez que eres Real no puedes volver a ser irreal. Dura para siempre.

Pasaron las semanas, y el Conejito se hizo muy viejo y raquítico, pero el Niño lo amaba igualmente. Lo amaba tanto que le quitó todos los bigotes, y el revestimiento rosado de sus orejas se volvió gris, y sus manchas cafés se desvanecieron. Incluso empezó a perder su forma, y ya casi no parecía un conejo, excepto para el Niño. Para él siempre fue hermoso, y eso era lo único que le importaba al Conejito. No le importaba su aspecto para los demás, porque la magia de la guardería lo había vuelto Real, y cuando eres Real, no importa que seas un desharrapado.

Tal vez todo lo que me ha sucedido, dentro de mí, solo me ha ayudado a convertirme en real. Pero duele, y a diferencia del Caballo de Piel, me importa cuando me hacen daño.

Corre hacia ti mismo.

Hay pocas cosas peores que sentirse alejado de uno mismo. Cuando la vida te arrastra, una de las cosas de las que te das cuenta rápidamente es de cómo te has descuidado. ¿Qué significa descuidar algo? Que no lo cuidas adecuadamente. Este es uno de esos agujeros en los que sigo cayendo. Es un ejemplo muy concreto de cómo se aplica a mí *Autobiografía en cinco capítulos cortos*. ¿Es el descuido de uno mismo un agujero en el que tú también sigues cayendo? Vuelve a leer el poema una vez más con esto en mente.

Hay un método que me ha resultado confrontador y útil. Nunca deja de alinearme con mi yo, aunque puede ser asombrosamente difícil de practicar algunos días, lo que puede parecer extraño cuando escuchas lo simple que es el ejercicio. Pero es un verdadero testimonio del hecho de que solo porque algo sea simple no significa que sea fácil.

Aquí está: Al principio de cada día, párate frente a un espejo, mírate directamente a los ojos y escucha lo que te dice el hombre o la mujer del espejo. Esto te hará sentirte incómodo. Pero funciona. Tus ojos te dirán algo todos los días de tu vida si los escuchas.

¿Qué tipo de cosas dirán tus ojos? Ya sabes lo que tienes que hacer. No te están escuchando. Es hora de hacer algo nuevo. Ve a dar un paseo hoy. Eres una buena persona. Hoy será un gran día, trata de disfrutarlo. No estás prestando atención a tus necesidades. Deberías ir a ver a tu médico. Esto tiene que parar. No dejes que te pisoteen así. Necesitas un tiempo libre. Tus críticos no te conocen lo suficiente como para felicitarte o criticarte. Un verdadero amigo nunca te trataría así. Llama a tu madre. Haz algo para alegrarle el día a otra persona hoy.

Corre hacia ti mismo escuchando al hombre, o mujer, del espejo.

El hombre del cristal.

En 1934, el escritor estadounidense Dale Wimbrow escribió este poema. A menudo ha sido mal citado y mal atribuido, pero su mensaje perdura.

El hombre del cristal

Cuando consigas lo que quieres en tu lucha por el dinero,
Y el mundo te convierte en Rey por un día
Entonces ve al espejo y mírate,
Y mira lo que tiene que decir ese tipo.

Porque no es tu padre, ni tu madre, ni tu esposa,
Quién te juzgará.
El tipo cuyo veredicto cuenta más en tu vida
Es el hombre que te mira desde el cristal.
Él es el tipo a quien complacer, no importa el resto.
Porque él está contigo hasta el final
Y has pasado tu prueba más peligrosa y difícil
Si el tipo del espejo es tu amigo.

Puedes ser como Jack Horner y «cincelar» una ciruela,
Y pensar que eres un tipo maravilloso
Pero el hombre del espejo dice que eres solo un vagabundo
Si no puedes mirarlo directamente a los ojos.

Puedes engañar al mundo entero por el camino de los años
Y recibir palmaditas en la espalda al pasar
Pero tu recompensa final serán dolores de cabeza y lágrimas
Si has engañado al tipo del cristal.

El carácter es el destino.

El filósofo griego Heráclito observó: «El carácter es el destino». Seguí recordándome esto durante esos días oscuros.

El carácter se puede adquirir intencionalmente, desarrollando proactivamente hábitos del corazón, la mente, el cuerpo y el alma. También se puede adquirir de forma pasiva soportando los inconvenientes, las dificultades y el sufrimiento inevitable de la vida. Pero no hay atajos. No puedes hackear tu camino hacia el carácter. Es la mayor inversión que puedes hacer en ti mismo.

¿Qué es el carácter? Cada vez es más difícil conseguir que la gente se ponga de acuerdo en una definición. Algunos dicen que es trabajar duro y ser honesto. Otros dicen que es hacer lo que dices que vas a hacer. Muchos coinciden en que es vivir de acuerdo con tus valores. ¿Pero qué pasa si trabajas duro en una empresa criminal? ¿Y si eres honesto sobre las intenciones manipuladoras que tienes? ¿Y si lo que dices que harás es odioso e hiriente? ¿Y si tus valores son la ira, la venganza, el egoísmo y el placer por encima de todo? Dudo que muchos lleguen a la conclusión de que vivir estos valores refleja un carácter elevado.

Entonces, ¿qué es el carácter? Es la excelencia moral. Pero ya no hablamos de moral. ¿Cuándo fue la última vez que participaste en una conversación destinada a explorar si algo era moral o no? ¿Cuándo fue la última vez que escuchaste describir a alguien como una persona de un carácter moral elevado? ¿Dónde podría ir alguien si quisiera aprender sobre la excelencia moral?

En la asfixia del relativismo, nos hemos confundido en cuanto a la diferencia entre lo correcto y lo incorrecto; tan confundidos que ni siquiera estamos seguros de que lo correcto, lo incorrecto, lo bueno y lo malo existan.

Pero seguramente está mal que una persona pase su vida en prisión por un crimen que no cometió. ¿Estamos de acuerdo en que eso está mal? Más de un millón de hombres, mujeres y niños son víctimas de la trata de personas a través de las fronteras internacionales cada año. ¿Podemos estar de acuerdo en que eso es malo y está mal? Es imposible forjar el carácter sin un sentido de lo correcto, lo incorrecto, lo bueno, lo malo, lo justo y lo injusto.

Uno de los debates más absurdos de nuestra sociedad en los últimos veinte años ha sido el del carácter. ¿El carácter importa? El mero hecho de que nos planteemos esta pregunta significa que hemos perdido el rumbo.

El carácter es el destino. Esto es cierto para una persona, un matrimonio, una familia y, sí, para una nación. ¿Qué aspecto tiene nuestro futuro si esto es cierto? Tal vez sea el momento de volver a situar el carácter en el centro de nuestras familias, comunidades y sistema educativo. Sea lo que sea que queramos reconstruir en nuestras vidas y en nuestra nación, empecemos por el carácter.

¿Cómo se forja el carácter? Con la virtud. Las virtudes son los bloques de construcción del carácter. Piensa en esta breve lista de virtudes: paciencia, bondad, humildad, amabilidad, perseverancia, veracidad, valor, templanza, justicia, fidelidad y buena voluntad. ¿Mejoraría tu vida si tuvieras más de estas virtudes, tanto en número como en grado? ¿Serías un mejor cónyuge? ¿Serías mejor padre o madre? ¿Un mejor hermano, amigo, colega, vecino y ciudadano?

He probado cientos de maneras diferentes de mejorar mi vida. No han funcionado. La única manera de mejorar genuinamente tu vida es con la virtud. No puedes mejorar tu vida de forma significativa sin mejorar como ser humano. Cualquier mejora que no provenga de la expansión de tu potencial como ser humano es cosmética.

La virtud es también la única manera de que una sociedad progrese de verdad. El progreso basado en cualquier cosa que no sea el carácter y la virtud es un espejismo.

Me encanta estar rodeado de personas de gran carácter. Me estimulan el deseo de crecer, de expandirme, de mejorar. Me fascinan los grandes logros, pero respeto la virtud. Los logros son infinitamente más fáciles que la virtud. Me encanta estar rodeado de gente virtuosa. Me hacen querer ser una mejor persona.

Las personas de carácter excepcional ponen el carácter en primer lugar. Lo ponen por encima de todo. No importa lo que les cueste, porque saben que abandonar el carácter sería perder su propio ser.

Si perder el carácter es perderse a sí mismo, entonces el camino para encontrarse a sí mismo también es el carácter. Si quieres descubrirte a ti mismo, dedícate a crecer en una virtud muy concreta cada mes. A medida que crecemos en la virtud, crecemos en el carácter; y a medida que crecemos en el carácter, llegamos a conocer nuestro verdadero yo.

El carácter no es algo genérico, aburrido, que cumple con las reglas y que se limita a un molde. Es personal y dinámico; se manifiesta de manera diferente y hermosa en cada persona. Así que, juntos, pongamos el carácter y la virtud en el centro de la vida diaria. Rodéate de personas que se esfuerzan por la virtud y el carácter. Y ten cuidado con quien es incapaz de retrasar la gratificación. Es un signo seguro de que la virtud ha sido desterrada de la vida de alguien.

Problemas de alineación.

Si alguna vez has conducido un auto con problemas de alineación, sabes lo incómodo, estresante y peligroso que puede ser. Lo mismo ocurre cuando nuestras vidas se desalinean. La vida se vuelve incómoda, estresante, peligrosa y llena de ansiedad.

Cuando las cosas están alineadas, están en la disposición correcta en relación con todo lo demás. Es interesante el tiempo que pasamos colocando nuestras posesiones materiales en el lugar correcto. Es más fácil que ordenar nuestras almas, y más fácil que alinear nuestras acciones con nuestros valores.

El reto de vivir conscientemente, éticamente y moralmente, es alinear nuestros pensamientos, palabras y acciones con nuestro propósito y valores. Cuando nuestras acciones no están alineadas con nuestros valores, las ruedas empiezan a tambalearse.

Si tus palabras, pensamientos y acciones no se alinean con lo que hay en tu corazón, nunca tendrás paz. Gran parte del estrés, la infelicidad y la ansiedad se producen cuando nuestras vidas no están alineadas con nuestros valores más elevados.

El estrés, la infelicidad, la ansiedad y la depresión no son cosas malas. No son disfunciones humanas. Al contrario, son la prueba de que todo funciona como debería. Vienen a nosotros como mensajeros, para darnos un golpecito en el hombro y señalar que nuestras vidas se han desviado.

Somos más humanos y estamos más vivos cuando vivimos una vida integrada. La integridad es esto: alinear nuestras acciones con lo que sabemos que es bueno, verdadero, justo y correcto.

Cuando le damos la espalda a lo que es bueno, verdadero, justo y correcto, cuando abandonamos nuestros valores más elevados, nuestra integridad se erosiona. Esto siempre resulta en una pérdida de nosotros mismos, ya sea grande o pequeña. Cuando nuestra integridad se está erosionando, puedes estar seguro de que también están ocurriendo otras cosas. Estamos perdiendo de vista quiénes somos y qué valoramos. Estamos perdiendo nuestro sentido del yo, lo que nos lleva a una crisis de identidad. Pero a lo largo del camino, estamos hiriendo a la gente, a menudo a las personas que decimos querer más, y siempre a nosotros mismos.

La desalineación siempre conduce al dolor y al sufrimiento para ti y para los demás. ¿Qué área de tu vida está desalineada? Se necesita valentía para admitirlo. ¿Cómo puedes realinear tu vida y vivir con más integridad que nunca? Tomando una decisión a la vez. Haz que tu corazón y tu mente se pongan de acuerdo y actúa desde ese yo unido.

Evaluar tu vida.

De vez en cuando, sopesamos nuestra vida. A veces estamos satisfechos con lo que descubrimos, otras veces estamos decepcionados y otras veces estamos preocupados. Pero es bueno evaluar nuestra vida. Nos asegura que estamos utilizando nuestra corta vida de una manera que es digna del regalo.

Hay muchas maneras de evaluar nuestras vidas. Hablamos mucho del éxito, pero cada uno tiene una definición diferente. Hablamos de la importancia de la familia y las relaciones, pero ¿cómo se miden? ¿Qué vara de medir utilizas para evaluar tu vida? ¿Tu carrera profesional? ¿El dinero? ¿El estatus? ¿Las cosas? ¿La educación? ¿La popularidad? ¿La integridad? ¿La felicidad? ¿La aventura? ¿La salud?

En diferentes momentos de nuestras vidas, todos utilizamos algunas de ellas para evaluar nuestras vidas, pero con el tiempo la mayoría de nosotros pasamos a cosas que son más difíciles de evaluar. ¿Cuántas personas te quieren? ¿Te gusta lo que haces? ¿Sientes que estás haciendo aquello para lo que has nacido? ¿A cuántas personas has ayudado a tener éxito, a ser felices, a recibir una educación? ¿Cuántas vidas has mejorado? ¿Por cuánto tiempo serás recordado después de tu muerte? ¿Estás en paz con Dios?

Son preguntas enormes, pero no debemos dejar que eso nos intimide. ¿Cómo mides tu vida? ¿En qué te fijas para decidir si vas por el buen camino? ¿Cómo juzgas tu progreso?

Uno de los exalumnos más famosos de mi escuela secundaria es Thomas Keneally, el autor de *El arca de Schindler*, que luego se convirtió en la película *La lista de Schindler*. Habló en mi graduación y contó la historia de cómo llegó a escribir el libro. Estaba en Nueva York y visitaba una tienda de artículos de cuero. Mientras miraba unos maletines, el propietario entabló una conversación con él. Al poco tiempo, la conversación derivó en dos preguntas que cambiaron para siempre la vida de Keneally.

—¿A qué te dedicas? —le preguntó el dueño de la tienda.

—Soy escritor —respondió Keneally.

—¿Qué escribes? —fue la segunda pregunta.

—Bueno, para ser sincero, ahora mismo estoy pasando dificultades. No estoy seguro de lo que escribiré a continuación.

El propietario dejó el maletín que tenía en la estantería,

se enderezó, miró profundamente a los ojos de Keneally y le dijo:

—Vuelve mañana por la mañana y te contaré una historia.

A la mañana siguiente, Keneally volvió a la tienda, y durante el resto del día escuchó la historia real más cautivadora. El propietario de la tienda era Poldek Pfefferberg, un superviviente del Holocausto gracias a Schindler. Pfefferberg conservaba la lista original junto con una amplia colección de archivos y documentos relacionados con Oskar Schindler.

Es uno de esos momentos que me producen un escalofrío cada vez que lo recuerdo, un momento que estaba lleno de destino. Todo lo que Thomas Keneally hizo fue entrar a una tienda de artículos de cuero con un caso de bloqueo de escritor.

El libro se convirtió en la obra que definió la vida de Keneally y, junto con la adaptación cinematográfica de Steven Spielberg, sensibilizó a las nuevas generaciones sobre el Holocausto.

Veinte años después, yo caminaba por la playa de Sídney. Al mirar al frente, vi a Thomas Keneally venir hacia mí. Hablamos durante unos minutos y le pregunté cómo le había afectado la extensa investigación que realizó para el libro. Compartió conmigo su experiencia de conocer a personas que habían sido acogidas por extraños y escondidas de los nazis. «Sus historias eran escalofriantes. Todo estaba en juego en cada momento», explicó, y luego hizo una pausa antes de continuar: «Todavía me despierto algunas noches, sin aliento y sudando. En el sueño alguien me escondía, nos habían descubierto, y yo y los que me escondían estábamos a punto de ser ejecutados. Es entonces cuando me despierto en el sueño… cada vez en el mismo lugar».

Había algo en la forma en que él describía el hecho de esconderse y de ser escondido. Empecé a investigar las diferentes épocas de la historia en las que la gente necesitaba esconderse de sus perseguidores. Ha ocurrido una y otra vez a lo largo de la historia. Personas inocentes, escondidas, a menudo por desconocidos, de un adversario tirano y brutal, con gran riesgo personal. Los perseguidos siempre han encontrado algunos hombres y mujeres valientes dispuestos a esconderlos.

Ahora, permite hacerte una pregunta. Si estuvieras en problemas, siendo perseguido injustamente, ¿cuántas personas conoces que arriesgarían su vida para esconderte?

Un superviviente polaco del Holocausto le dijo una vez a Warren Buffet: «Warren, soy muy lento para hacer amigos, porque cuando miro a la gente, la pregunta que me hago es: ¿Me esconderían?».

No hay una forma perfecta de evaluar nuestras vidas. Pero estas dos preguntas añaden otra capa que vale la pena considerar: ¿Cuántas personas te esconderían? ¿A cuántas personas estarías dispuesto a esconder?

Recuerda.

Recordamos en los funerales. ¿Por qué esperamos? Es tan importante sacar un poco de tiempo para recordar cada día. Es importante recordar nuestra propia historia, y es importante recordar la historia de nuestras relaciones. No esperes a que ocurra una tragedia para recordar.

Hay algunas verdades esenciales que es fundamental recordar: *Tú importas. Eres amado. Tienes un gran valor. Pero lo olvidamos.*

Cada noche les digo a mis hijos: «No importa qué, no importa cuándo, no importa dónde, papá siempre los quiere». No quiero que lo olviden nunca. Si se los digo de vez en cuando, lo recordarán en los buenos momentos, pero quiero que lo recuerden cuando estén confundidos y tengan miedo, cuando sus vidas den un vuelco.

Es importante que recuerdes tu historia. Ya pasaste por momentos difíciles y has capeado el temporal. Has tenido muchas experiencias maravillosas en la vida. Tienes mucho que agradecer. Pero lo olvidamos.

Es importante recordar la historia de tu relación principal. Si me siento durante quince minutos, miro las fotos de la vida que comparto con mi mujer y pienso en los altibajos: eso me da una perspectiva sobre lo que sea que preocupe de nuestra relación en este momento. Este ejercicio sencillo me convierte en un mejor marido. Hay algo en nuestra historia que me recuerda que debo prestar atención.

Es importante recordar las historias de tus hijos y ayudarles a recordar también. Me encanta mostrarles a mis hijos fotos y videos de cuando eran más pequeños. Me encanta contarles historias de su infancia. Recordar sus historias me hace también mejor padre.

Con el tiempo, sienten curiosidad por mi vida. Es un día mágico cuando me preguntan: «Cuéntame de cuando eras pequeño, papá». Les digo: «Elige un número y te contaré todo sobre mi vida cuando tenía esa edad». Les encanta. Quedan fascinados.

Una persona que olvida su historia se vuelve loca. Las parejas que olvidan su historia se impacientan y se distancian. Los padres y los hijos que olvidan su historia pierden su ternura. Y una sociedad que olvida su historia está condenada a volver a cometer los mismos errores. Saca tiempo para recordar.

Paz, serenidad y tranquilidad.

Hay tan poca paz, serenidad y tranquilidad en el mundo actual. Hemos hecho que el mundo esté tan agitado, ruidoso, ansioso y violento que la paz, la serenidad y la tranquilidad pueden parecer inalcanzables. Quizá por eso no hablamos de ellas, ni las enseñamos, ni nos esforzamos por adquirirlas. Pero, sin duda, merecen un lugar en el currículo de la vida.

Piensa en momentos de tu vida en los que hayas experimentado la tranquilidad. ¿Qué fue diferente? Toma nota de quién y qué te roba la paz. ¿Vale la pena? Intenta ser consciente de aquello que perturba tu serenidad. Si puedes localizar el origen de estas perturbaciones, la conciencia te llevará a elegir la serenidad.

Una de las oraciones más famosas de la historia se llama la

Oración de la Serenidad. Fue escrita por Reinhold Niebuhr y ha sido practicada por hombres y mujeres de todos los credos, y lo genial es su sencillez.

Reza esta oración una vez por hora durante todo un día, desde que te despiertes hasta justo antes de acostarte por la noche. Obsérvate a lo largo del día. Antes de irte a dormir esa noche, reflexiona sobre cómo la oración de treinta segundos cada hora ha cambiado tu forma de vivir ese día. Te sorprenderás.

Dios,

Concédeme la serenidad para aceptar las cosas que no puedo cambiar,

el valor para cambiar las cosas que puedo,

y la sabiduría para saber la diferencia.

Amén.

Comienza a labrarte una vida que conduzca a la paz, la serenidad y la tranquilidad. Toma decisiones que inviten a la paz en tu vida.

Las palabras tienen poder. Había ciertas palabras y frases que mis padres no toleraban en nuestra casa cuando crecíamos. Había una larga lista. Una de ellas era «idiota», otra era «cállate» y, por supuesto, la palabra con «P». Si se utilizaba una de estas palabras o frases se sancionaba a la persona, pero siempre había una explicación. Se explicaba por qué no se usaban esas palabras y frases. «Tu padre y yo no estamos criando idiotas», aún puedo escuchar a mi madre decir. De niño siempre me sorprendía la dureza del castigo por mandar a callar a alguien. Mis padres me explicaron repetidamente que era una gran falta de respeto negar la voz a una persona en cualquier situación. Recuerdo la primera vez que uno de mis hermanos utilizó la palabra con «P». Nunca olvidaré lo que mi padre le dijo a mi hermano. «Esa es una palabra de enojo, ¿no? Si usas palabras de enojo, te convertirás en un hombre enojado. Te quiero demasiado para eso. Está bien enojarse, todos nos enojamos de vez en cuando, pero aprende a expresar tu enojo de forma sana y constructiva. Las palabras así no significan nada, así que es imposible que nadie entienda tu enojo».

Algunas palabras son rabiosas, otras son duras, algunas son firmes, otras son débiles o neutras. Estas tres palabras son hermosas: *paz, serenidad* y *tranquilidad*. Dilas en voz alta, una y otra vez, durante dos minutos. Toma nota de cómo te hacen sentir estas palabras. Te sorprenderá cómo el simple hecho de decir estas hermosas palabras las invita a lo más profundo de tu ser. Invita a la paz, la serenidad y la tranquilidad en tu vida.

La pregunta central.

Al principio, propuse una pregunta: ¿puede alguien que esté roto ser sanado y llegar a ser más hermoso y más amable que nunca?

Las preguntas más importantes de la vida deben personalizarse para una persona en particular. ¿Cuál es el sentido de la vida? es una pregunta sobre la que han reflexionado los amantes de la sabiduría durante miles de años. Pero la pregunta que realmente te importa es: ¿cuál es el sentido de tu vida?

Lo mismo ocurre con la pregunta central de nuestro viaje juntos: ¿puede alguien que esté roto ser sanado y llegar a ser más hermoso y más amable que nunca?

Teóricamente, la mayoría de nosotros puede admitir que esto es posible. Pero a mí no me preocupa mucho la investigación teórica. No escribo para demostrar o refutar teorías. No escribo para un público numeroso. Escribo para ti, el lector. Para un ser humano real, vivo y que respira, que intenta dar sentido a la vida. No a la vida en general, sino a tu propia vida.

Espero que lo que he compartido en estas páginas te haya conducido a una relación más sana con tu propio quebranto, y espero que estés en camino de creer que puedes ser sanado y llegar a ser más bello y más amable que nunca.

La cima de la montaña.

Toda vida tiene altibajos. He tenido más que mi cuota de experiencias en la cima de la montaña, pero como todo el mundo, vivo en los valles y en las llanuras.

Lo que me sorprende en este momento es la quietud de mi alma. Escribir este libro ha sido una experiencia tumultuosa. He experimentado la gracia de la inspiración sin esfuerzo a lo largo de los años como escritor, pero no me ha sucedido lo mismo con este libro. Estas palabras no surgieron de una experiencia en la cima de una montaña. Hubo que pagar un alto precio por ellas. Se luchó duro por ellas en las tierras bajas y en los páramos.

Sé que habrá más tormentas, y sé que estoy mejor preparado que nunca. Pero ahora mismo, en este lugar, en este momento, aprecio esta profunda calma. Es un regalo.

Me gustaría compartir muchas cosas más con ustedes. Me siento aquí, hojeando mis diarios, y en cada página encuentro alguna idea que pide no ser dejada de lado. Estas son algunas que no puedo dejar pasar:

No puedes vivir una vida con sentido llenando tu vida con cosas y actividades sin sentido.

Todas las personas te van a hacer daño. Busca a aquellas que valen la pena el sufrimiento y el dolor del corazón, no dejes que nadie endurezca tu corazón, y recuerda, que incluso con tus mejores esfuerzos para evitarlo, también vas a lastimar a la gente.

No te quejes. No es atractivo ni productivo.

Dale a la gente el beneficio de la duda. La vida es difícil y complicada, y todo el mundo lleva una carga pesada.

La muerte nos llega a todos. Cuando la muerte se acerca, la persona en la que te has convertido se encuentra con la persona que podrías haber sido. Se trata de un encuentro humillante. No lo esperes. Reúnete con la persona en la que eres capaz de convertirte durante unos minutos cada día. Mientras más tiempo dediques a estos encuentros, menos temerás a la muerte. Utiliza tus pensamientos, palabras, elecciones y acciones para cerrar la brecha entre lo que eres hoy y lo que eres capaz de ser. Este es el camino que lleva a una vida profundamente satisfactoria.

Ignora a tus críticos. Todo el mundo los tiene. Derribarán en una hora lo que no pudieron construir en toda una vida. Pero la vida acaba poniendo a todos los críticos en su sitio. Con el tiempo se vuelven ajenos y sin importancia. A las personas que te quieren no les importa lo que les importa a tus críticos; les importas como un ser humano. Tus críticos no te ven como un ser humano. Te han deshumanizado. Ven algo en ti que perturba algo en ellos. Así que tienen que decidir: atacarte o investigar su propio misterio oscuro. La mayoría de las personas no te conoce lo suficiente como para elogiarte o criticarte, y son los momentos no vistos de nuestra vida los que nos definen.

La buena vida.

Desde que Aristóteles habló por primera vez de «la vida plena» hace casi 2.500 años, parece que todo el mundo ha estado en la búsqueda de experimentarla. He oído a mucha gente hablar de ella y he leído muchos libros sobre el tema. Algunos creen que se trata de éxito y logros. Otros piensan que tiene que ver con el dinero y las cosas. Otros piensan que se trata del amor y la familia. Otros piensan que tiene que ver con la comida, el vino, los viajes, la aventura, la educación, el trabajo significativo, la independencia, la amistad y el placer.

No hay nada de malo en estas cosas, a menos que sean todo lo que tienes. Porque incluso todas estas cosas juntas no proporcionarán la buena vida.

Solo hay un ingrediente esencial para la vida plena. Es tan esencial que sin él, la vida plena es imposible. Se podría pensar que ese ingrediente sería muy buscado. Pero no es así. Podrías pensar que ese ingrediente es escaso. No lo es. Puedes pensar que este ingrediente es caro. No lo es. Tal vez pienses que la gente clamaría por conseguirlo. No es así.

Cuando se habla de la vida plena, se tiene la impresión de que es misteriosa y que solo está al alcance de unos pocos. Esto no es cierto.

La vida plena no tiene ningún secreto. No es un misterio. No requiere un talento excepcional. No es solo para los ricos y famosos. Está al alcance de todos, en todas partes y en todo momento.

¿Cuál es el ingrediente esencial de la vida plena? La propia bondad. El secreto de la llamada vida plena siempre ha estado ante nuestros ojos. Si quieres vivir una vida plena, llena tu vida de bondad. Llena tu vida de amor, bondad, gratitud, compasión y generosidad.

Arriésgate con tu bondad. Pon a prueba los límites de tu bondad. No te limites a amar, asombra a la gente con tu amor. No te limites a la generosidad, vive una vida de asombrosa generosidad.

¿Cómo cambiaría tu vida si tu único objetivo fuera hacer todo el bien posible? Averigüémoslo. No dejes que esta pregunta quede sin respuesta. Celebra la bondad cada vez que puedas.

No desperdicies tu polvo de oro.

Espero que hayas disfrutado de

la vida es *complicada*

Es un privilegio escribir para ustedes.
Espero que te haya nutrido de la manera que necesitabas en este momento de tu vida.

Matthew Kelly

Suscríbase al canal de YouTube de Matthew para experimentar la serie de videos *La Vida Es Complicada*.

www.youtube.com/matthewkellyauthor

Visita MatthewKelly.com para ver su blog y mucho más.

SOBRE EL AUTOR

Matthew Kelly es un autor *de best sellers*, orador, líder de pensamiento, empresario, consultor, líder espiritual e innovador.

Ha dedicado su vida a ayudar a las personas y organizaciones a convertirse en la mejor versión de sí mismas. Nacido en Sídney, Australia, comenzó a hablar y escribir al final de su adolescencia, mientras asistía a la escuela de negocios. Desde entonces, cinco millones de personas han asistido a sus seminarios y presentaciones en más de cincuenta países.

En la actualidad, Kelly es un conferenciante, autor y consultor empresarial aclamado internacionalmente. Sus libros se han publicado en más de treinta idiomas, han aparecido en las listas de *best sellers* del *New York Times, Wall Street Journal* y *USA Today*, y han vendido más de cuarenta y cinco millones de ejemplares.

A los veinte años desarrolló el concepto «la mejor versión de uno mismo» y lo ha estado compartiendo en todos los ámbitos de la vida durante más de veinticinco años. Lo citan presidentes y celebridades, atletas y sus entrenadores, líderes empresariales e innovadores, aunque quizá nunca se cite con más fuerza que cuando una madre o un padre preguntan a un hijo: «¿Te ayudará eso a convertirte en la mejor versión de ti mismo?».

Los intereses personales de Kelly incluyen el golf, la música, el arte, la literatura, las inversiones, la espiritualidad y pasar tiempo con su mujer, Meggie, y sus hijos Walter, Isabel, Harry, Ralph y Simon.